埼玉カフェ日和

ときめくお店案内

SAITAMA TOKIMEKU OMISE ANNAI

オフィスクーミン 著

Mates-Publishing

埼玉カフェ日和　ときめくお店案内

CONTENTS

カフェ日和 めぐりMAP 埼玉・全体……4
カフェ日和 めぐりMAP 埼玉・エリア(東・利根・さいたま市・南・県央エリア)……6
カフェ日和 めぐりMAP 埼玉・エリア(北・秩父・南西・西・川越比企エリア)……7
はじめに……8
本書の使い方……10

「こだわりの自家製パンが買えるカフェ」

■さいたま市:大宮区　ベーグルカフェ小春日和 べーぐるかふぇこはるびより……12
■県央:伊奈町　CAFE THE GARDEN カフェ ザ ガーデン……14
■県央:桶川市　63cafe ロミカフェ……16
■東:春日部市　POLDER BAGEL ポルダーベーグル……18
■利根:加須市　cafe&zakka mt. カフェアンドザッカ エムティ……20
■南西:富士見市　3552食堂 サンゴゴニしょくどう……22
■西:日高市　Cafe＆Bakery 日月堂 カフェ&ベーカリー にちげつどう……24
■川越比企:小川町　有機野菜食堂 わらしべ ゆうきやさいしょくどう わらしべ……26
■川越比企:鳩山町　そのつもり そのつもり……28
■北:熊谷市　パンと、惣菜と、珈琲と。 ぱんと、そうざいと、こーひーと。……30
■北:深谷市　PENGIN Café ペンギン カフェ……32

電車で巡る 秩父カフェ＆パワースポット……34

●さいたま市:浦和区　cafe uwaito カフェ ウワイト……36
●さいたま市:浦和区　お花とカフェのお店 Coeur Vierge おはなとかふぇのおみせ クール ヴェルジュ……38
●さいたま市:浦和区　tokihana トキハナ……40
●さいたま市:大宮区　喫茶 湊 きっさ みなと……42
●さいたま市:大宮区　márú マールーウ……44
●さいたま市:岩槻区　食堂カフェ ラパン しょくどうかふぇ らぱん……46
●さいたま市:岩槻区　fu・fu・fu PLUS フ・フ・フ プラス……48
●南:蕨市　自然派ごはん Teru cafe しぜんはごはん テル カフェ……50
●南:戸田市　mameshiba coffee マメシバコーヒー……52
●南:川口市　FRANKCOFFEE and WORKSHOP フランクコーヒー アンド ワークショップ……54
●県央:伊奈町　紡ぎの家 大島 cafe BLANCO つむぎのいえ おおしま カフェ ブランコ……56
●東:三郷市　cafe 2345 カフェ ニイサンヨンゴ……58
●東:草加市　蔵カフェ 中屋 くらかふぇ なかや……60

●東:吉川市	NUSHISAの台所 ヌシサのだいどころ	62
●東:吉川市	カフェ ミカン かふぇ みかん	64
●東:越谷市	みずいろこーひー みずいろこーひー	66
●利根:蓮田市	muni ムニ	68
●利根:蓮田市	cafe loup AZ カフェ ル アズ	70
●利根:幸手市	bulouton ブルトン	72
●利根:加須市	食堂カフェ Laugh しょくどうかふぇ ラフ	74
●利根:行田市	cafe gallery 高澤記念館 カフェ ギャラリー たかざわきねんかん	76
●南西:富士見市	Ramb's ear ラムズ イヤー	78
●南西:三芳町	OIMO cafe オイモ カフェ	80
●川越比企:川越市	Banon バノン	82
●川越比企:川越市	きょうのごはん ゆるりCafe きょうのごはん ゆるりカフェ	84
●川越比企:坂戸市	cafe COUCOU カフェ ククウ	86
●川越比企:越生町	ギャラリィ＆カフェ 山猫軒 ぎゃらりぃ＆かふぇ やまねこけん	88
●川越比企:越生町	OKUMUSA marché オクムサ マルシェ	90
●川越比企:東松山市	Garden＆Cafe PRUNUS ガーデン＆カフェ プラナス	92
●川越比企:ときがわ町	古民家カフェ 枇杏 こみんかかふぇ びあん	94
●北:深谷市	harunire café ハルニレカフェ	96
●北:深谷市	OMED cafe オマエダ カフェ	98
●秩父:秩父市	Cafe ほっkuri カフェ ほっくり	100
●秩父:秩父市	ジェラテリアHANA じぇらてりあ ハナ	102
●秩父:秩父市	MAPLE BASE メープルベース	104
●秩父:長瀞町	cafe gentille カフェ ジャンティーユ	106

氷川神社参道 カフェさんぽ……108

「自家製パン＆自家焙煎珈琲が買えるカフェ」●●
「自家焙煎珈琲のあるカフェ」◆◆◆◆◆

●利根:久喜市	やさいcafe びーんず やさいカフェ びーんず	110
●北:本庄市	キドヤ きどや	112
●北:深谷市	The ShadeTree. Roasted Coffee Bakery ザ シェード ツリー ローステッド コーヒー ベーカリー	114
◆県央:上尾市	Outdoor cafe 山小屋 アウトドア カフェ やまごや	116
◆利根:幸手市	ffee＆co. coffee shop フィー アンド コー コーヒーショップ	118
◆西:入間市	豆春 まめはる	120
◆南西:富士見市	masa's factory マサズ ファクトリー	122
◆南西:富士見市	Tumugi ツムギ	124
◆秩父:秩父市	JURIN's GEO ジュリンズ ジオ	126

※本書は2017年発行の「埼玉 カフェ日和 ときめくCAFEめぐり」の改訂版です。

カフェ日和 めぐりMAP 埼玉・全体

県央エリア

1. CAFE THE GARDEN(P14)
2. 63cafe(P16)
3. 紡ぎの家 大島 cafe BLANCO(P56)
4. Outdoor cafe 山小屋(P116)

利根エリア

1. cafe&zakka mt. (P20)
2. muni(P68)
3. cafe loup AZ(P70)
4. bulouton(P72)
5. 食堂カフェ Laugh(P74)
6. cafe gallery 高澤記念館(P76)
7. やさいcafe びーんず(P110)
8. ffee&co. coffee shop(P118)

東エリア

1. POLDER BAGEL(P18)
2. cafe 2345(P58)
3. 蔵カフェ 中屋(P60)
4. NUSHISAの台所(P62)
5. カフェ ミカン(P64)
6. みずいろこーひー(P66)

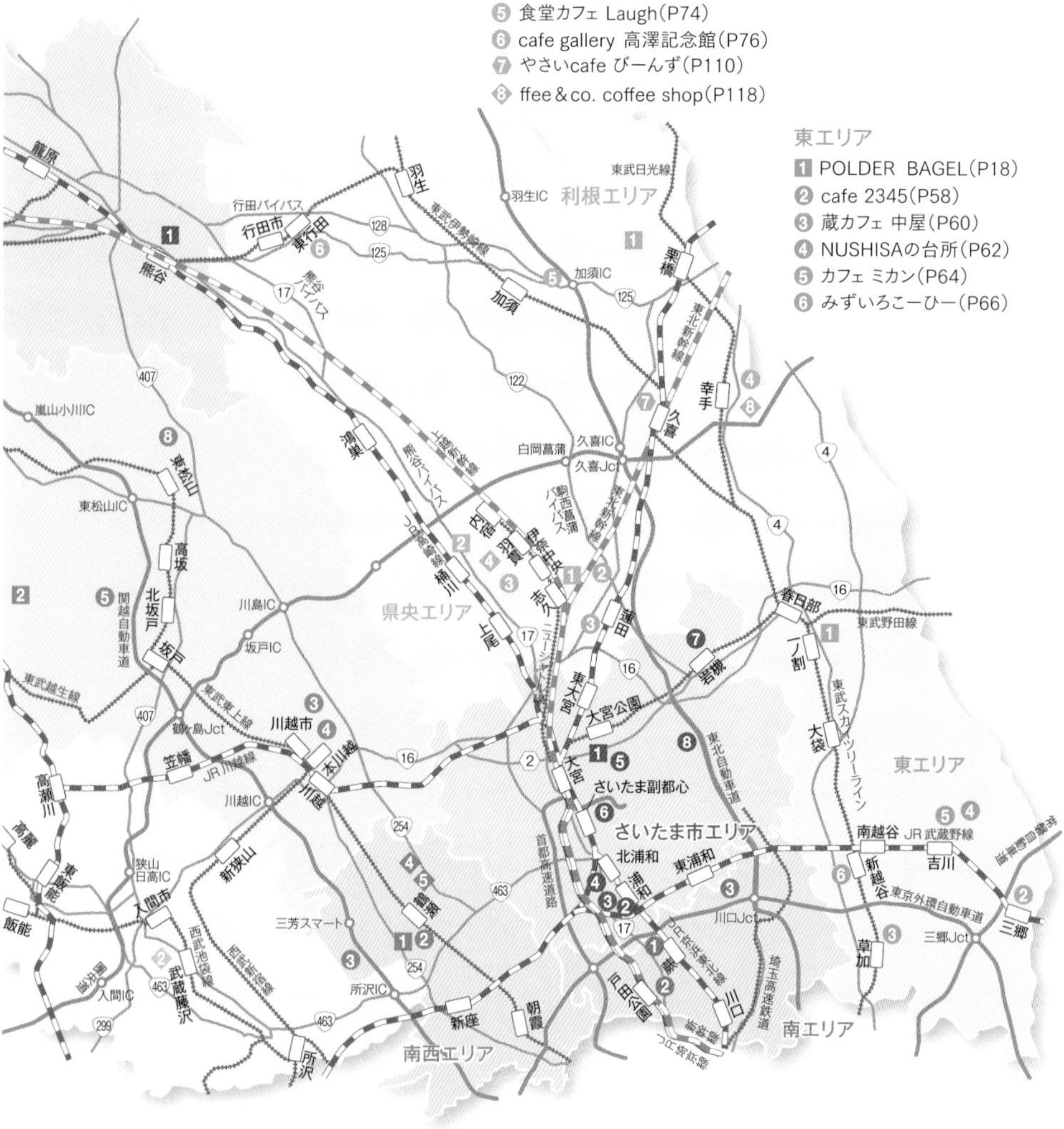

南西エリア

1. 3552食堂(P22)
2. Ramb's ear(P78)
3. OIMO cafe(P80)
4. masa's factory(P122)
5. Tumugi(P124)

さいたま市エリア

1. ベーグルカフェ小春日和(P12)
2. cafe uwaito(P36)
3. お花とカフェのお店 Coeur Vierge(P38)
4. tokihana(P40)
5. 喫茶 湊(P42)
6. márú(P44)
7. 食堂カフェ ラパン(P46)
8. fu・fu・fu PLUS(P48)

南エリア

1. 自然派ごはん Teru cafe(P50)
2. mameshiba coffee(P52)
3. FRANKCOFFEE and WORKSHOP(P54)

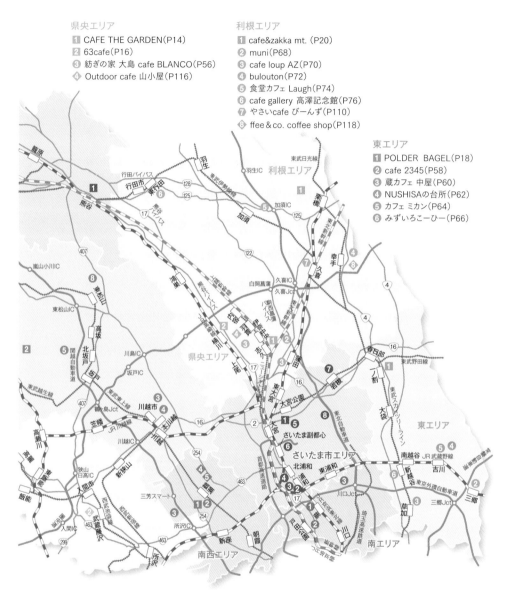

「こだわりの自家製パンが買えるカフェ」 「自家製パン＆自家焙煎珈琲が買えるカフェ」

北エリア

1 パンと、惣菜と、珈琲と。(P30)
2 PENGIN Café(P32)
3 harunire café(P96)
4 OMED cafe(P98)
5 キドヤ(P112)
6 The ShadeTree. Roasted Coffee Bakery(P114)

川越比企エリア

1 有機野菜食堂 わらしべ(P26)
2 そのつもり(P28)
3 Banon(P82)
4 きょうのごはん ゆるりCafe(P84)
5 cafe COUCOU(P86)
6 ギャラリィ＆カフェ 山猫軒(P88)
7 OKUMUSA marché(P90)
8 Garden＆Cafe PRUNUS(P92)
9 古民家カフェ 杜杏(P94)

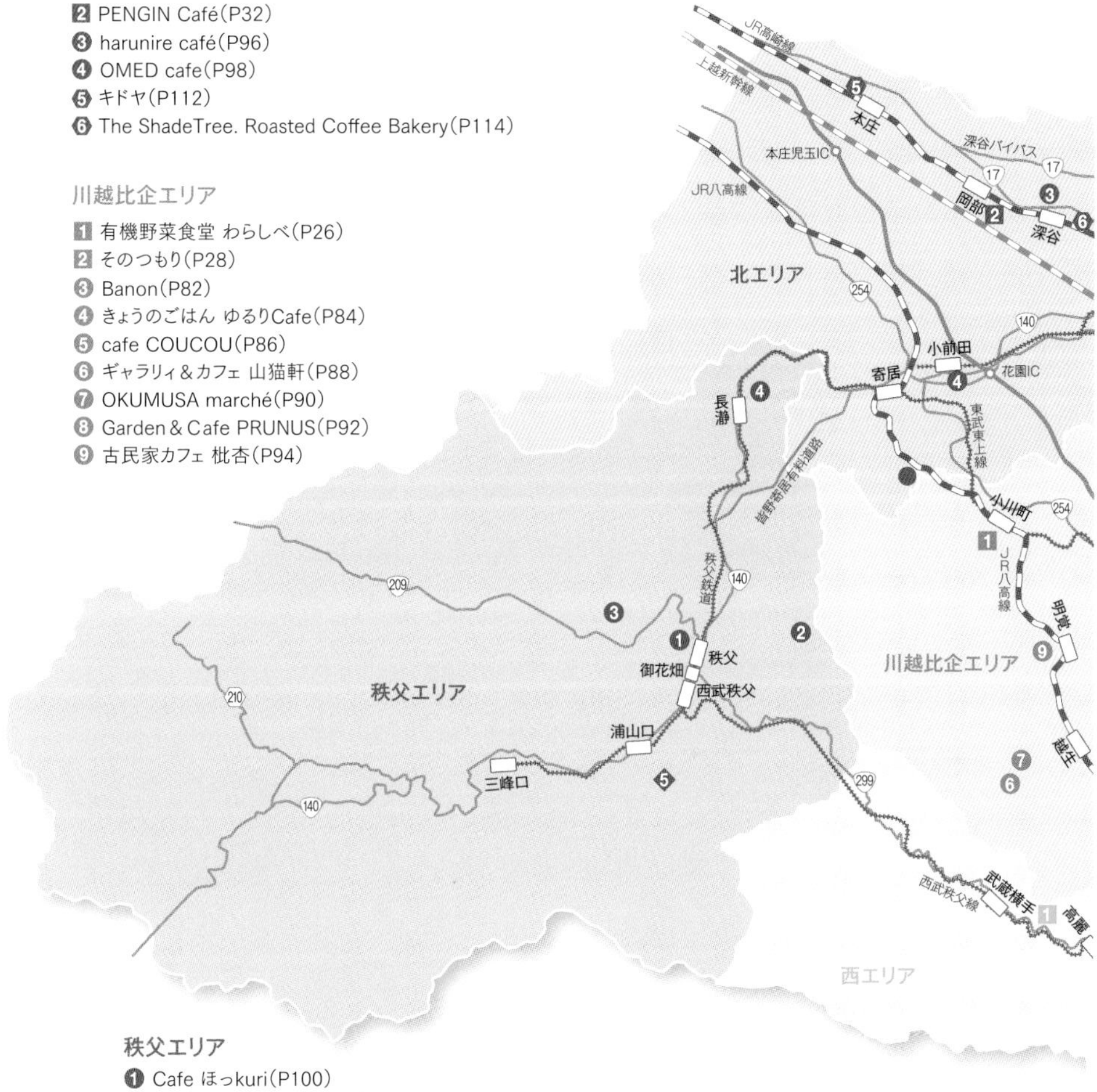

秩父エリア

1 Cafe ほっkuri(P100)
2 ジェラテリアHANA(P102)
3 MAPLE BASE(P104)
4 cafe gentille(P106)
5 JURIN's GEO (P126)

西エリア

1 Cafe＆Bakery 日月堂(P24)
2 豆春 (P120)

カフェ日和 めぐりMAP

この本には、3つのMAPを掲載しました。
「埼玉・全体MAP」は、全県に点在するカフェの位置を知っていただくための地図。
「エリアMAP」は、エリアごとにカフェの場所を確認していただくための地図。
そして、各カフェのページにはお店周辺の「目安MAP」を掲載しました。
お店を選ぶとき、実際にカフェを訪れるときにお役立てください。
＊近隣の道路や目印を省略化して表示しています。お出かけの前に、各カフェの正確な場所をご確認ください。

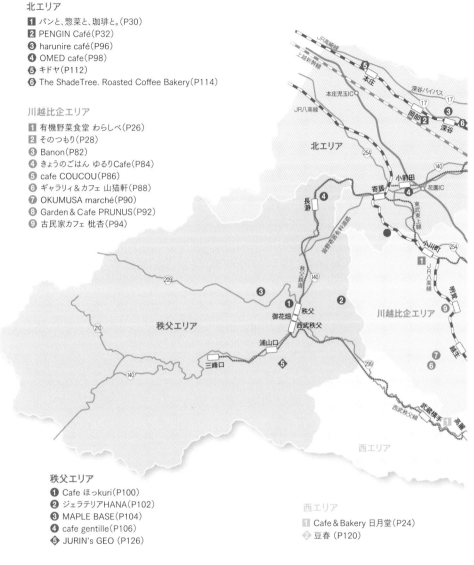

カフェ日和 めぐりMAP 埼玉・エリア

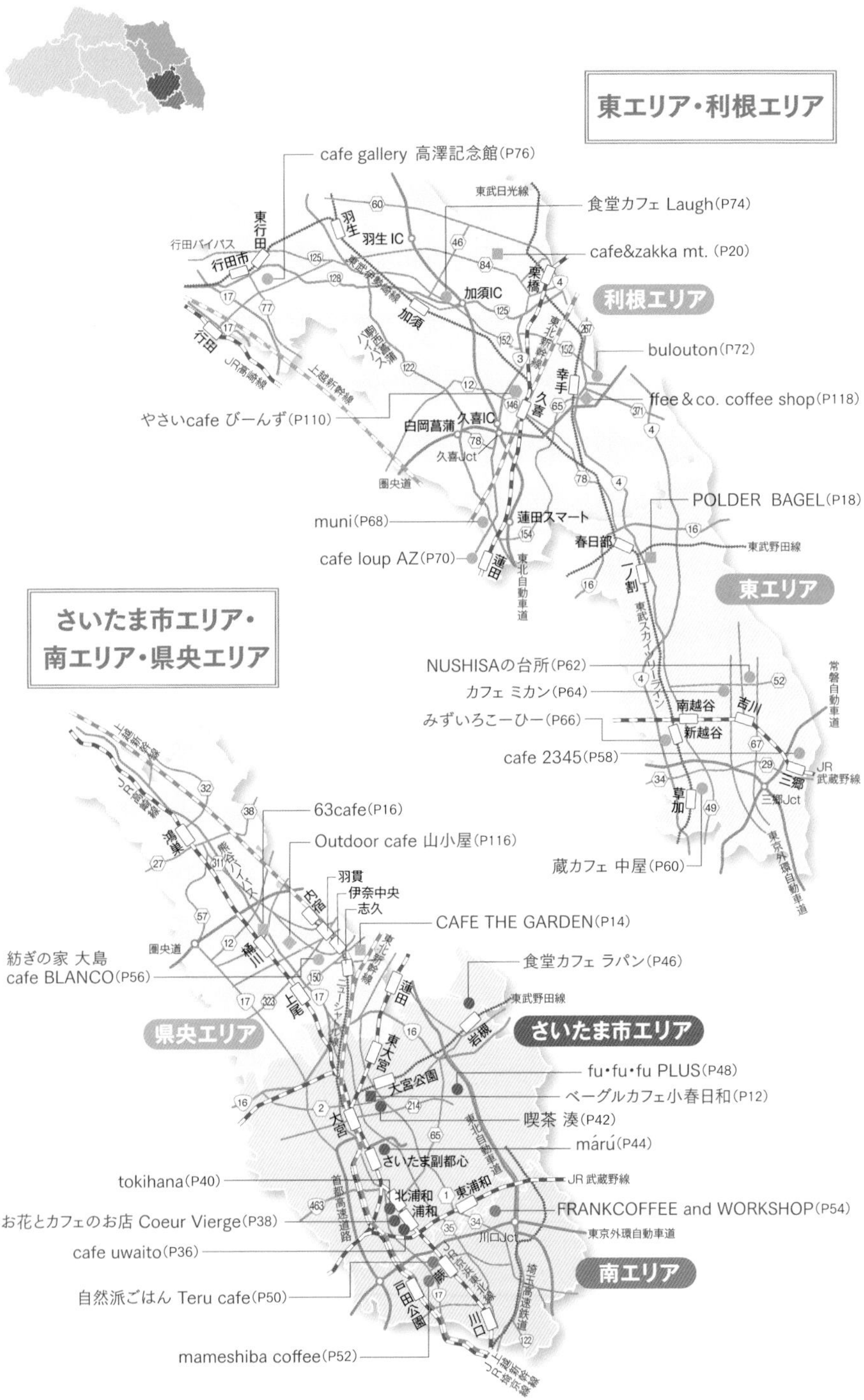
東エリア・利根エリア
cafe gallery 高澤記念館(P76)
食堂カフェ Laugh(P74)
cafe&zakka mt.(P20)
利根エリア
bulouton(P72)
ffee＆co. coffee shop(P118)
やさいcafe びーんず(P110)
POLDER BAGEL(P18)
muni(P68)
cafe loup AZ(P70)
東エリア
さいたま市エリア・
南エリア・県央エリア
NUSHISAの台所(P62)
カフェ ミカン(P64)
みずいろこーひー(P66)
cafe 2345(P58)
63cafe(P16)
Outdoor cafe 山小屋(P116)
蔵カフェ 中屋(P60)
CAFE THE GARDEN(P14)
食堂カフェ ラパン(P46)
紡ぎの家 大島
cafe BLANCO(P56)
県央エリア
さいたま市エリア
fu・fu・fu PLUS(P48)
ベーグルカフェ小春日和(P12)
喫茶 湊(P42)
márú(P44)
tokihana(P40)
FRANKCOFFEE and WORKSHOP(P54)
お花とカフェのお店 Coeur Vierge(P38)
cafe uwaito(P36)
南エリア
自然派ごはん Teru cafe(P50)
mameshiba coffee(P52)
行田市
羽生
加須
久喜
蓮田
春日部
南越谷
新越谷
吉川
三郷
草加
鴻巣
桶川
上尾
岩槻
東大宮
大宮公園
大宮
さいたま副都心
北浦和
浦和
東浦和
蕨
戸田公園
川口

「こだわりの自家製パンが買えるカフェ」 「自家製パン＆自家焙煎珈琲が買えるカフェ」

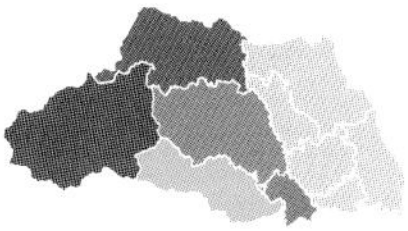

北エリア・秩父エリア

南西エリア・西エリア・川越比企エリア

埼玉には、こだわりのドリンクやスイーツ、
カフェごはんはもちろんのこと、
オーガニック系やビーガン系など、ジャンルにこだわったカフェもあります。

カフェのスタイルも
スタイリッシュ系、癒し系、キュート系、
和モダン系、リノベーション系、
ナチュラル系、古民家系など…
それぞれに個性豊かですてきなカフェがたくさんあります。

そんな埼玉のカフェをすべて紹介できないので、
〝すてき〟な個性を持つ56店舗＋αの「埼玉 ときめくカフェ」をセレクトしました。

その56店舗＋αから
「こだわりの自家製パンが買えるカフェ」、
「自家製パン＆自家焙煎珈琲が買えるカフェ」、
そして「自家焙煎珈琲のあるカフェ」
を特集としてご紹介しています。

また、散策気分や小さな旅気分で
カフェを巡っていただきたくて
「電車で巡る秩父カフェ＆パワースポット」や
「氷川神社参道 カフェさんぽ」のコラムも掲載しました。
あなたスタイルのカフェ巡りの
お役に立てるととってもうれしいです。

「埼玉カフェ ときめくお店案内」で
あなたが〝ときめく〟お気に入りのカフェが
みつかりますように…！

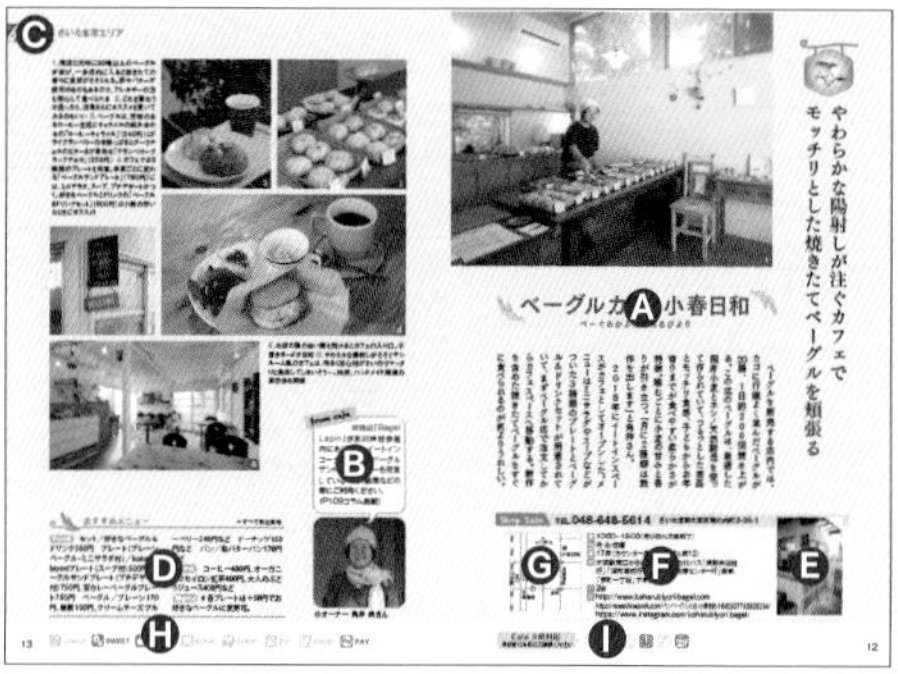

Ⓕ Shop Data

電話番号・住所・営業時間・定休日・席数・アクセス・駐車場・URLなど、基本データを掲載に加えて、「喫煙情報(記載のない場合は「禁煙」)」「ペット対応情報」を掲載

＊「臨時休業有」「不定休」などの表示は、URLまたはお店にご確認ください。
＊ナビで表示されない場合は、(ナビ用)の住所・キーワードを入力してください。
＊「コインパーキングあり」は、カフェが所有しているのではなく、近くに貸し駐車場があるということですのでご了承ください。

Ⓖ 目安MAP

カフェ近辺のMAPを掲載

Ⓗ アイコン

お店の特徴を示すアイコンを掲載。
充実やこだわりの項目は、カラー表示に

LUNCH
ランチタイム、ランチ限定メニューがある
(終日食事ができる場合は「＊Foodメニューあり」と記載)

SWEET
デザートメニューがある

ZAKKA
雑貨の販売などがある

BOOK
店内で自由に読める本、購入できる本がある

EVENT
ギャラリー併設、作家作品の展示や販売などがある

PET
ペット同伴来店が可能

CARD
クレジットカードが利用可能(種類は店舗に確認)

PAY
PAYが利用可能(種類は店舗に確認)

Ⓐ 店名

店名とその読み方を表示

《特集では「パン」と「珈琲」のマークを表示》

「こだわりの自家製パンが買えるカフェ」のマークを表示

「自家焙煎珈琲のあるカフェ」のマークを表示

Ⓑ from cafe

お店の人に聞かないとわからない情報、おすすめポイントなど、カフェからあなたへのメッセージを掲載

Ⓒ カフェのあるエリア

カフェのあるエリアを表示

Ⓓ おすすめメニュー

カフェのおすすめメニューをピックアップ。お得情報も掲載

Ⓔ 外観

目印になる「カフェ外観」を掲載

Ⓘ カフェ 3密アイコン

各カフェが行なっている新型コロナウィルス対応内容を「Cafe3密対応」アイコンで記載しました(令和2年7月現在)。なお、新型コロナウィルスの状況によって、内容が変更される場合がありますので、来店前に電話やSNSなどでご確認ください。

- 店内での飲食可能
- 営業時間変更あり
- 席数減少
- 定休日変更あり
- 要予約または予約推奨
- テイクアウト・店内販売あり

※新型コロナウィルスの影響により、営業日・営業時間・座席数などを平常時から変更または予約必要などの対応をしている場合がございます。来店の際にはあらかじめ電話や各店舗のSNSなどでご確認ください。

※本書に記載されている平常時の情報(本文・営業日・営業時間・定休日・メニューなど)は、令和2年3月現在のものです。メニューについては季節により変更の場合があります。また、金額についても、消費税の税率改定などにより変更する場合がございますのでご了承ください。

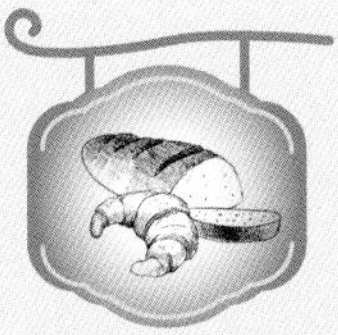

こだわりの自家製パンが買えるカフェ

11cafe

1

やわらかな陽射しが注ぐカフェで モッチリとした焼きたてベーグルを頬張る

ベーグルカフェ小春日和《べーぐるかふぇこはるびより》

ベーグルを販売する店内では、カゴに行儀よく並んだベーグルが20種、1日約200個焼き上がる。この店のベーグルは、厳選した国産小麦とホシノ天然酵母を使って作られていて、つるっとした表面とモッチリ食感、子どもからお年寄りまでが食べやすい柔らかさが特徴。噛むごとに小麦の甘みと香りが引き立つ。「月に2種類は新作を出します」と角井さん。

2018年にイートインスペースがカフェとしてオープンした。メニューはミニサラダやスープなどがついた3種類のプレートとベーグル&ドリンクセットが用意されていて、まずベーグル店で注文してからカフェスペースへ移動する。新作を含めた焼きたてベーグルをすぐに食べられるのが何よりうれしい。

Shop Data TEL.048-648-5614 さいたま市大宮区堀の内町3-39-1

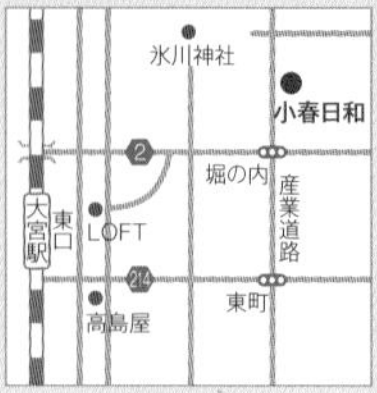

営 10:00~18:00(売り切れ次第終了)
休 月･土･日曜
席 17席(カウンター席5、テーブル席12)
交 大宮駅東口から徒歩20分、またはバス「東新井団地行」「浦和高校行」「自治医大医療センター行」乗車、「東町一丁目」下車徒歩9分
P 2台
URL http://www.koharubiyori-bagel.com
https://www.facebook.com/パンベーグルの店-小春日和-1640927742625234/
https://www.instagram.com/koharubiyori.bagel/

Cafe 3密対応
来店前にお店にご確認ください

TAKE OUT

1.開店と同時に20種以上のベーグルが並び、一歩店内に入ると焼きたての香りに食欲がそそられる。卵やバター不使用のものもあるので、アレルギーの方も安心して食べられる 2.どれを買おうか迷ったら、店員さんにオススメを聞いてみるのもいい 3.ベーグルは、苦味のあるコーヒー生地とキャラメルの組み合わせの「コーヒーキャラメル」(240円)とドライグランベリーの甘酸っぱさとダークチョコのビターさが美味な「グランベリーブラックチョコ」(250円) 4.カフェでは3種類のプレートを用意。季節ごとに変わる「ベーグルサンドプレート」(750円)には、ミニサラダ、スープ、プチデザートがつく。好きなベーグルとドリンクの「ベーグル&ドリンクセット」(500円)は小腹の空いたときにオススメ!

5.お店の隣の白い扉を開けるとカフェの入り口。手書きボードが目印 6.やわらかな陽射しがそそぐサンルーム風のカフェは、明るく居心地がよいのでマッタリと長居してしまいそう…。時折、ハンドメイド雑貨の展示会も開催

from cafe

姉妹店「Bagel Lapin」が氷川神社参道内にあります。イートインコーナーもあり、ベーグルサンドなどメニューも充実しているので、散策などの際にご利用ください。(P108コラム掲載)

おすすめメニュー

＊すべて税込価格

Food セット/好きなベーグル&ドリンク500円　プレート(プレーンベーグル・ミニサラダ付)/koharu-biyoriプレート(スープ付)500円、ベーグルサンドプレート(プチデザート付)750円、豆カレーベーグルプレート750円　ベーグル/プレーン170円、雑穀190円、クリームチーズブルーベリー240円など　ドーナッツ150円など　パン/塩バターパン170円など

Drink コーヒー400円、オーガニックセイロン紅茶400円、大人のぶどうジュース400円など

Memo ＊各プレートは+50円でお好きなベーグルに変更可。

●オーナー 角井 良さん

1

素敵な庭のある一軒家カフェで異空間の雰囲気と自家製パンのランチを味わう

CAFE THE GARDEN

カフェ ザ ガーデン

以前から「金曜日のパン屋さん」として人気だったPICNIKKAが2019年2月にカフェをオープンした。「パン教室と生徒さんが使えるカフェを作るつもりだったんですが…」と矢口さん。妹さんとカフェを始めることを決め、家族でアイデアを出し合って完成したのが欧州風の重厚な一軒家。重厚な店構えとは異なり、店内は笑顔が溢れるアットホームな雰囲気だ。

入り口のパン販売コーナーには、曜日によって山型食パンやくるみパン、ベーグルが並ぶ。20年以上前に自分や家族が食べるためにパンを焼き始めた矢口さんの焼くパンは、優しい味わい。ランチなどにつく野菜中心のデリも販売されていて、パンと一緒に買い求める人も多い。

Shop Data TEL.048-872-6766 北足立郡伊奈町小室6912-1

営 月・火・土曜11:00~18:00　木・金曜11:00~20:00
休 水・日曜
席 34席(テーブル席30　カウンター4)
交 埼玉新都市交通ニューシャトル「志久」から徒歩7分
P 15台
URL https://cafethegarden.shopinfo.jp
https://www.facebook.com/cafethegarden/
https://www.instagram.com/cafe_the_garden/

【cafeからのお願い】駐車場の台数に限りがあるため、乗り合わせでのご来店にご協力をお願いします

Cafe 3密対応
来店前にお店にご確認ください
1グループ4名まで
推奨
TAKE OUT

1.水、バター、三温糖、塩とイーストで焼き上げる卵、牛乳不使用の食パンは、1.5斤（840円）とミニサイズ（400円）、1/3サイズ（280円）があって買い求めやすい。チーズたっぷりのチーズボウルパン（380円）、クランベリーベーグル（270円）も人気のパン **2.**暖炉のある吹き抜けのホールからは、大きな窓から中庭の植物や木々が臨め、別荘地のカフェにいるような気分にさせてくれる **3.**1階のホールが見渡せる2階のカウンター席は、1階とは違った雰囲気を楽しめる。また、2階のシェアワークスペースでは木工やヨガなど、いろいろなレッスンを行なっている

2

4

5

3

4.野菜たっぷりのラタトゥイユと風味豊かなチーズを厚切り食パンにたっぷりのせた「チーズトーストプレート」（1250円）。スープとグリーンサラダ、デリがついてお腹いっぱい!　50円引きのセットドリンクは「ラテ」を注文 **5.**食後は「コーヒー」（430円が50円引き）と生クリームとチェリーソースがたっぷり詰まった「シフォンサンド」（500円）を **6.**エントランスにあるショーケースには、月・火・木曜は3、4種類の山型食パンやくるみパン、カンパーニュなどの食事パンが、金・土曜は食事パンとベーグルが並ぶ

6

from cafe
カフェをご利用のお客様に、オーナーである父と母が大切に育てたバラなどの花々が咲くガーデンを期間限定で公開しています。公開時期はスタッフやURLでご確認くださいね

●矢口・新井さん姉妹（左3・4番目）とオーナーご両親とスタッフ

おすすめメニュー

＊すべて税別価格

Food　ランチ（サラダ・スープ・デリ数種・自家製パン盛り合わせ）1300円、ベーグルサンドランチ（サラダ・スープ・デリ付）1300円、ごはん定食（サラダ・汁物・デリ数種）1300円
チーズトーストプレート（サラダ・スープ・デリ数種）1250円、ホットドッグプレート（サラダ・スープ・デリ数種）1250円、KIDSプレート600円、KIDSスープパンセット400円など

Sweet　チーズケーキ各種500円、シフォンケーキ420円、キャロットケーキ420円など

Drink　コーヒー430円、ラテ500円、紅茶（ポット）600円、100%ジュース500円、あずき茶（茜茶）450円など

Memo　＊ドリンクは、食事やデザートと一緒に注文で50円引きに。＊ランチのパンおかわりは１個150円。

フレンチベースの本格的な料理&焼きたての63ぱんが魅力の一軒家カフェ

63cafe
ロミカフェ

鴻巣にあった人気のお家カフェ「63cafe」が、2019年に店主&スタッフの家族とリノベーションした桶川の古民家でリニューアルオープンした。鴻巣からファンの多い「63ぱん」は、毎日焼きたてが並ぶ。国産小麦粉とイースト、水と塩のシンプルな生地で作る甘みがあってふんわり柔らかいパンは午前11時~午後3時の間に焼きあがる。

もちろん、このカフェの最大の魅力「おうちカフェの気軽さで本格的な料理が食べられる」は変わらない。店主・石田さんの本格的なフレンチに家庭的な食材を取り入れた料理は、さらに美味しく進化中だ。美味しいランチを食べながら、パンの焼き上がりを待つ…そんな優雅なランチタイムを満喫できそう。

Shop Data TEL.090-3577-3092 桶川市西1-7-13

営 11:30~17:00
休 月・日曜(臨時休業あり URLを参照)
席 25席(テーブル席16、カウンター席3席、テラス席3席)
交 JR高崎線「桶川駅」東口から徒歩7分
P 無(近隣にコインパーキング複数あり)
URL https://www.instagram.com/63cafe_romi/

Cafe 3密対応
来店前にお店にご確認ください

1.焼き上がったばかりの「63ぱん」は、まずカウンター席でお披露目される 2.人気の「63ぱん」たち。右から「チョコいっぱいぱん」(180円)、「くまチョコ」(150円)、「くるみのぱん」(250円)、「まんまるチーズボール」(180円)、人気の「くるみの食パン」(ハーフ 350円) 3.「ごはんと本日のメイン」(1400円)のランチのメインは、「天然極上さわらのチーズグリル 自家製タルタルの彩り焼き野菜添え」。野菜たっぷりサラダとスープ、人気の「63ぱん」もセット

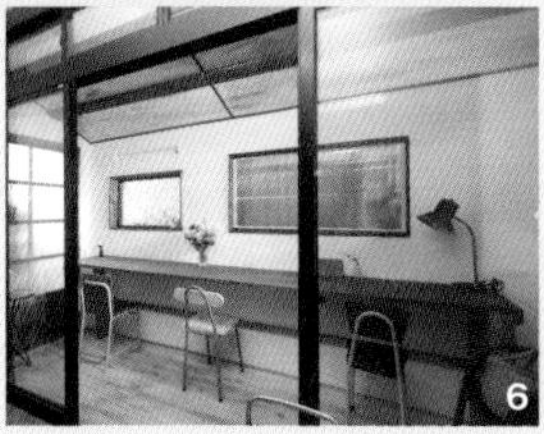

4.運ばれてくるだけで幸せな気分になる「おまかせスイーツの盛り合わせプレート」(1200円)。「もちもちタピオカのロイヤルミルクティパフェ」や「クリームチーズのとろけるプリン」と「抹茶アイス」の盛り合わせにセットのドリンクは、挽きたてコーヒーをチョイス 5.店主とスタッフが力を合わせてリノベーションした店内。左にはハンドメイドの雑貨コーナーがあって、可愛い小物がたくさん並ぶ 6.日差しがさすテラス風の席は、一人でのんびりティータイムにおすすめ!

from cafe

季節ごとにヨガ、布小物、陶器、木工、あみぐるみ、アクセリーなどのワークショップを開催しています。店内のチラシやインスタでご案内していますので、ぜひ参加してくださいね。

●店主　石田宏美さん

おすすめメニュー

＊すべて税別価格

Food ランチ／ごはんと本日のメイン(スープ・サラダ・ぱん付)1400円、ガーリックシュリンプライス(スープ・ミニサラダ付)1200円　半田麺のソバランチ(スープ・サラダ・ぱん付)1400円、おかわりサラダ300円　お子さまソバゲッティ(スープ付)700円など

Sweet おまかせスイーツ盛り合わせプレート(ドリンク付)1200円、本日のプリン400円、器で食べる和ドルチェ500円など

Drink 挽きたてコーヒー450円、無農薬紅茶450円、季節のソーダ550円など

Memo ＊ランチのごはんとソバは＋150円で多め、ごはんおかわりは＋200円。＊ランチは＋550円でプチスイーツ＆ドリンク付に。＊ランチ、スイーツ注文でドリンク50円引きに。＊ドリンク２杯目から100円引きに。

1

低温で長期間発酵させた生地で作る、体にやさしいベーグルが食べられるカフェ

POLDER BAGEL
ポルダーベーグル

千葉・野田にある人気のベーグル店の姉妹店「POLDER BAGEL」。外はパリッと、中はふんわり食感のベーグルは、卵・牛乳・バターや保存料、添加物などを一切使わず、自然な甘みが特徴の北海道産小麦粉「はるゆたか」、ホシノ天然酵母、「天日塩シママース、はちみつだけを使った生地を低温で長時間発酵させて焼き上げる。季節や期間限定・惣菜系・スイーツ系も含め20種類以上のベーグルが1日200個店頭に並ぶ。

イートインも兼ねた店内では、ランチもおすすめ。5種類のベーグルサンドからチョイスできるドリンク付のベーグルランチは、ファイヤーキングの食器で出され、セットのスープもstaubのココットラウンドに入ってオシャレ。

Shop Data TEL.080-4892-5865 春日部市緑町4丁目2-31

営 9:30～17:00　日曜～16:00
（ランチ11:00～15:00）
休 月曜
席 28席（テーブル席14、ソファー席4）
交 東武スカイツリーライン「一ノ割駅」から徒歩17分
P 4台
URL https://ja-jp.facebook.com/polder.kasukabe/
https://www.instagram.com/polderbagel/

Cafe 3密対応
来店前にお店にご確認ください

秋頃カフェ再開予定
11時開店
TAKE OUT
ネット通販で購入可能

1.プレーンはじめ惣菜系、スイーツ系と毎日20種類以上並ぶベーグルは 、ドリンクを買って店内で食べることもできる 2.店に入るとスタッフが「こんにちは!」と笑顔で声をかけてくれるのもいい 3.スイーツ系のブラックココア生地にビターなチョコチップとオレンジピールが入った「ショコラオレンジェ」(280円)とほんのり酸味の効いた濃厚なコクの「オリジナルブレンドコーヒー」(450円)

4.人気の「ベーグルランチセット」(1200円～)は、ファイヤーキング「ジェダイ」のプレート、カップ&ソーサもオシャレ! しかもリーズナブルなのにお腹は大満足 5.6.白と木調のナチュラルさを大事にしたスタイリッシュでオシャレな店内は、広々としていてゆったりと居心地のよい

おすすめメニュー

＊すべて税込価格

Food ランチ／ベーグルランチセット(5種から好きなベーグルサンド・サラダ・スープ・ドリンク付)1200円～、プレーンベーグル＆ディップセット(ドリンク付)780円　ベーグル／ベーグルサンド650円～　惣菜系ベーグル240円～など

Sweet スイーツ系ベーグル(ミルクティー・十勝あん・Wチョコチップなど)220円～など

Drink コーヒー450円、カフェラテ450円、タピオカミルクティー550円など

Memo ＊ランチは、＋50円で季節限定コーヒーに、＋100円でタピオカドリンクに。＊ベーグルサンドは、テイクアウト可。

from cafe

鎌倉由比ガ浜の路地裏に古民家をリノベーションしたカフェ「なみまちベーグル」をオープンしました。江ノ電・長谷駅より徒歩5分。鎌倉にお越しの際は、ぜひお立ち寄りくださいね。
9:30～16:00　無休
080-4578-7373

●店主 橋本真紀子さん

1

のどかな田園地帯に佇むおうちカフェで満腹ランチと自家製パンでほっこり

cafe&zakka mt.

カフェアンドザッカ エムティ

加須市ののどかな田園地帯にある一軒家のカフェ「cafe&zakka mt.」。〝mt.〟はオーナー夫妻の名前から取ったもの。

「素材の味を大切に」と奥様の美由紀さん。ランチはごはんかパンが選べる「本日のランチプレート」と「自家製平打ち麺のパスタランチ」、「ベーグルサンド」、自家製ナン付き「バターチキンカレー」の4種類。ランチにもつくパンは、素朴な味わいに仕上がる埼玉産小麦「ハナマンテン」中心の生地を使って卵不使用で焼き上げられ、店頭には5、6種類が並ぶ。

満腹になって立ち上がると窓からは田園が見え、その風景にも癒やされる。心も満たされる田園風景の美しさは、カフェに行ってからのお楽しみ。思う存分堪能して欲しい。

Shop Data TEL.0480-44-8127 加須市北下新井1159-1（ナビ用住所／「大久保病院」到着後電話確認）

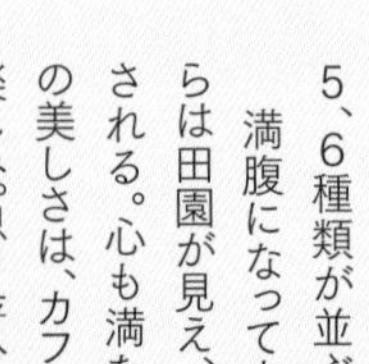

営 11:30～18:00
休 日・月曜・祝日
席 19席（カウンター席2、テーブル席4、ソファー席6、座敷席7）
交 JR宇都宮線・東武日光線「栗橋駅」西口からタクシー5分
P 5台
URL http://ameblo.jp/123myu/

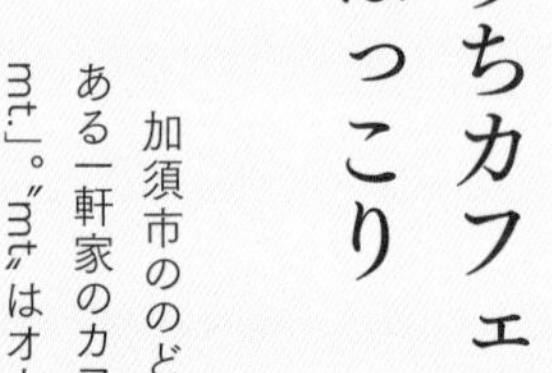

Cafe 3密対応
来店前にお店にご確認ください
推奨 TAKE OUT

3

2

5

4

6

1.6.菓子パンは牛乳で仕込んだ生地を使った甘さと風味が生きた味わい。田舎パンは石臼挽き全粒粉に牛乳とバターを加えて香りよくなど…子どもから年配まで食べやすい柔らかさと大きさだ　2.いよかんのソースが爽やかな「ホワイトチョコレートムース」(260円)、柚子アイスを添えた「チョコレートロールケーキ」(360円)とかわいいマキアートの「カフェオレ」(410円)。リーズナブルな価格が嬉しくて食べ過ぎそう　3.限定5食の「パスタランチ」(1020円)は、自家製平打ち麺を使った「チキンと春キャベツのトマトパスタ」。人気の自家製「くるみと白ごまのドレッシング」がかかったサラダ、副菜、スープにも野菜がたっぷり使われている　4.5.店内は、座敷、テーブル席 、ソファー席の3つのエリアに分かれていてのんびりと過ごせそう。来店ごとに違う席に座ってみて、お気に入りの席を見つけるのもいい

from cafe

カフェにあるテーブルや子ども用のイス、トレーなど、僕が作っています。最近では、メニュー以外に家具の注文が入ることも(笑)。気に入っていただいたものがあれば、お気軽にご相談ください

●オーナー たけしさんとみゆきさん

おすすめメニュー

＊すべて税込価格

Food ランチ／本日のランチプレート(ごはんor自家製パン・サラダ・スープ・小鉢付)1020円、パスタランチ(限定5食 自家製パン・スープ・小鉢付)1020円、バターチキンカレー(限定５食・中辛・ミニナン付)1020円、ベーグルサンドプレート(限定5食 ココット・スープ付)820円、お子様用ハーフバターチキンカレー510円など

Sweet 本日のケーキ360円～、とろけるプリン(抹茶・ミルク・ミルクティ・カフェオレ)260円など

Drink コーヒー360円、季節のブレンドコーヒー360円、カフェ・オレ410円、紅茶360円、河越抹茶の抹茶ラテ410円など

Memo ＊ランチ、デザートとドリンクを一緒に注文すると100円引きに。＊自家製パン、焼き菓子の販売あり。

1

自然食材の料理と自家製パンが、〝おいしい幸せ〟を運んでくれるカフェ

3552食堂

サンゴゴニしょくどう

オーナーシェフの成田さんが「自然栽培の玄米を中心に、できる限り地元の減農薬などの野菜や食材を使ったおいしいごはんを食べてもらいたい」と地元・鶴瀬にオープンした「3552食堂」。

顔の見える生産者さんから食材を仕入れ、調味料もオーガニックや有機素材にこだわって、素材の良さを引き出した「ココロとカラダにやさしい」フレンチベースの食事ができる。自家製パンやスイーツは、このカフェの「工房 Fly! pan」製。農薬不使用の国産小麦や天然酵母で作る自家製パンは香り豊か。スイーツは、植物性由来の食材のみで作るヴィーガンスイーツ。このカフェでは、「カラダにやさしい」料理とパンの染み渡る美味しさをぜひ堪能していただきたい。

Shop Data TEL.049-293-3611 富士見市鶴馬3552

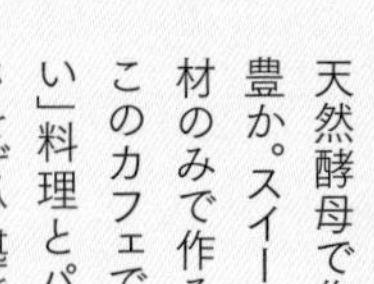

営 11:00~15:00(L.O.14:00)
17:00~21:00(L.O.20:00)
休 火・水曜
席 24席(カウンター席4、テーブル席20)
交 東武東上線「鶴瀬駅」西口から徒歩5分
P 無
URL https://m.facebook.com/3552syokudo
https://oishiilabo.shopinfo.jp

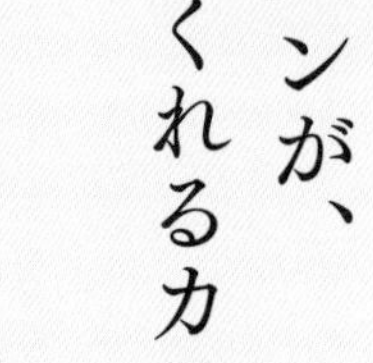

Cafe 3密対応
来店前にお店にご確認ください
TAKE OUT

1.カンパーニュやフォカッチャ(各量り売り)、ミニバケット(160円)、メロンパン(300円)など、カフェの「工房Fly!pan」で焼き上げた自家製パンたち 2.「栗のヴィーガンモンブラン」(680円)と「有機アッサム紅茶」(600円) 3.つくば鶏を使った「田舎風玄米パエリア」(1600円)は、ブドウの栽培から醸造方法までにもこだわった「自然派ワイン」(グラス600円～)と一緒に楽しみたい

4.木のあたたかみが感じられる店内の黒板には、こだわりのワインやビール、日本酒などが紹介されている 5.休日のブランチにワインと料理を楽しむ人も! 6.ディナーのカルト料理は、黒板ををチェック!

from cafe

お客様の要望で販売を始めて「Fly!pan」の自家製パン。今年から月曜日に定期的に自家製パンを販売します。ハード系、ソフト系など。ぜひお召し上がりくださいね

●オーナー 成田シェフ

おすすめメニュー

＊すべて税別価格

Food ランチ／3552スペシャルメニュー(ヴィーガン料理)2000円、本日のカレー1400円、本日のお肉料理1600円など、お子様プレート1200円など　ディナー／砂肝のアヒージョ650円、グラスフェットビーフのステーキ2400円など

Sweet 栗のヴィーガンモンブラン680円、リンゴのタルトタタン650円、オレンジピールのガトーショコラ580円など

Drink 有機コーヒー550円、有機アッサム紅茶(ポットサービス)600円、オーガニックルイボスティー(ポットサービス)600円、自然派ワイン(赤・白 グラス)600円～

Memo ＊3552スペシャルメニューは、追加料金(＋300円～)でヴィーガンデザートに変更可。＊ディナーは、アラカルトあり。

鳥のさえずりと川の音に癒やされながら、自然の恵みから作られたパンを頬張る

1

3

2

Cafe＆Bakery 日月堂

カフェ & ベーカリー にちげつどう

高麗川の流れに沿って走る国道299号線、秩父方面に向かう途中に「Cafe&Bakery日月堂」がある。

このカフェの代名詞になっているのが、北海道産小麦、有機栽培レーズンの天然酵母で生地を作り、広葉樹の薪を使って500℃以上の火を熾《おこ》し、石窯で焼きあげるカンパーニュなどの薪石窯焼きパンと土・日曜・祝日限定の薪石窯で焼いたピザだ。卵や乳製品などの動物性食品、砂糖類を一切使わないため、小麦の香りが際立ち、酵母のほどよい酸味が口の中で広がる。

自然の恵みで作られた薪石窯焼のパンやピザを自然豊かなカフェでいただく。〝至福の時〟を体感してほしい。

Shop Data TEL.042-978-6263 日高市高麗本郷729-1

- 営 11:30〜16:30　土·日·祝日11:30〜17:00
- 休 火·水曜
- 席 50席（テーブル席25、テラス席25）、テラス席のみペット可
- 交 西武池袋線「高麗駅」から徒歩15分
- P 6台（土日のみ30台）
- URL http://www.cafenichigetsudo.com/

Cafe 3密対応
来店前にお店にご確認ください
TAKE OUT

5

4

7

6

1.2.自分たちで薪を拾い、薪で熱せられた釜の中のレンガが放出する遠赤外線の余熱だけで焼き上げる薪石窯焼きパンたち。皮は香ばしく、中はしっとりとやわらかなカンパーニュ、木の実やフルーツ入りのライ麦パンなどが店頭でも購入できる　3.石窯は薪を入れると500℃以上に温度を上げる。土・日・祝日は、パン工房の窓からこの薪石窯でピザを焼く工程が見学できる　4.テラス席では、高麗川のせせらぎや鳥の声、木洩れ日ややわらかな風がとても気持ちよく、時が過 ぎるのを忘れてしまう　5.オレンジピール香る「NYコーヒーケーキ」（399円）にセットドリンク（+399円）の「日月堂コ ーヒー」をつけて　6.店内には本やファエアトレードのネパール製「ヒマラヤマテリアル」などもあり、購入可　7.外皮がパリッ中はモチッのカンパーニュにハーブと香辛料で味付けしたローストチキンを挟んだ「国産鶏ハーブチキンとモッツァレラチーズのサンドイッチ」（1296円）。食べ応えあり！

from cafe

「日月堂」の由来は、「月と太陽とともに〝日月〟を綴りたい」。ただ内輪話では、親子で作り始めて7年間建物が完成せず、父が『月日が経ったなぁ… 』と呟いたから。こっちの方がいいかな（笑）

●オーナー 上野雄志さんとお父様の文康さん

おすすめメニュー

＊すべて税込価格

Food 薪石釜ピザ（土・日・祝ランチタイム限定）／マルゲリータ1274円など　薪石窯ピタパンプレート（サラダ・サイドディッシュ・ピクルス付）／特製オリジナルカレー1134円など　薪石窯カンパーニュのサンドイッチプレート（サラダ・サイドディッシュ・ピクルス付） コッパとクリームチーズのフレッシュベジタブルサンド1296円など

Sweet 日月堂マフィン（日替わり）399円、ベークドチーズケーキ399円、NYコーヒーケーキ399円など

Drink 日月堂コーヒー497円、カフェオレ497円、カプチーノ518円、紅茶443円、グラスワイン（赤・白）670円など

Memo ＊ケーキは、＋399円でドリンク付に（除外ドリンクあり）。

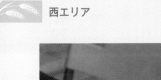

1

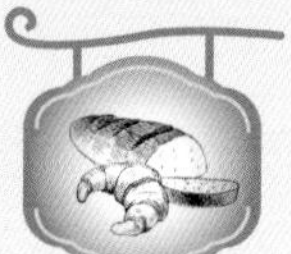

築130年の古民家で有機小麦や野菜を使った自家製酵母パンと絶品パスタをいただく

有機野菜食堂わらしべ《ゆうきやさいしょくどう わらしべ》

手すき和紙の里で有名な小川町。明治 21年に養蚕伝習所として建てられた「玉成舎」をリノベーションし、食事とお茶などが楽しめる場として2019年にリニューアルオープンした「わらしべ」。

小川町産の有機野菜や有機栽培の小麦粉やライ麦にこだわり、有機パスタや有機野菜をたっぷり使った滋味豊かな料理、天然酵母パンを提供している。「旬の野菜など、特に有機野菜のおいしさを伝えたくて」とオーナーの山下さん。その料理と相性抜群な天然酵母パンはパン職人の由美子さんが担当。「小川町産の小麦やライ麦を使って毎日食べても飽きないお食事パンを焼き続けています」。

古民家の風情を感じつつ、ゆったりと美味しい時間を過ごせそうだ。

Shop Data TEL.0493-74-3013 比企郡小川町小川197-4

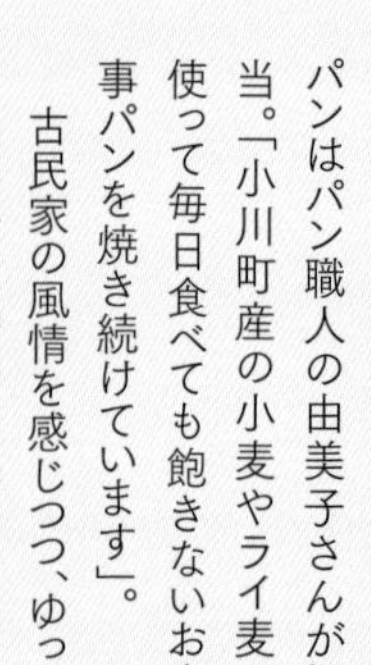

営 11:00～20:30(ランチ～14:30、ティータイム14:30～17:30、ディナー～20:00)
休 月・火曜
席 30席(テーブル席16　カウンター席6　座敷8)
交 JR八高線・東武東上線「小川駅」から徒歩10分
P 8台
URL http://gyokuseisha.jp
http://warashibe1119.cocolog-nifty.com
https://www.facebook.com/有機野菜食堂わらしべ-274281582700216/
https://www.instagram.com/warashibe1119/

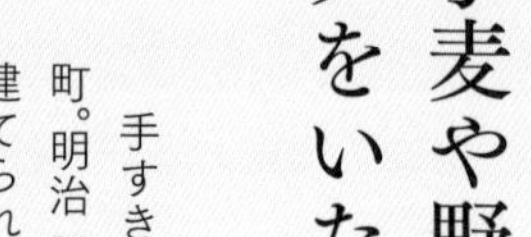

Cafe 3密対応
来店前にお店にご確認ください
TAKE OUT

2

5.搾りたての生乳に近い本物の味のする東毛酪農の牛乳と生クリームで作った「ミルクジェラード 人参ジャム添え」（400円）と義彦さんが丁寧に淹れてくれる「有機栽培コーヒー」（430円）

5

4

3

6

1.「小川町の有機栽培の小麦粉やライ麦はおいしい!」という由美子さんが作る自家製天然酵母パンは、小麦たちの芳醇な香りと酵母の程よい酸味が幸せな気分にさせてくれるパンだ。カンパーニュやライ麦パンは1gからの量り売りも可 2.築130年の「玉成舎」は昭和6年に現在の場所に移築。その歴史をほぼそのままに、壁などに小川町特産の手漉き和紙などを駆使してリノベーションし、現在食事やお茶が楽しめる憩いの場になっている 3.4.母屋の2階には、小川町産ブドウ100%使用の無農薬無添加ワインや無農薬栽培米で作られた日本酒を扱う「武蔵ワイナリー直売所」やインドネシアの可愛い雑貨が並ぶ「ぶんぶん堂」がテナントとして入っている。天井の寺社伝統建築部位「桔木（はねぎ）」は一見の価値あり!

6.小川町で取れる旬の有機栽培の野菜のみを使って調理されたパスタとサラダがついたパスタセット（1100円）。甘みのある小川町産「キャベツのペペロンチーノ」に小川町産の小麦とライ麦を使った「食パン・ライ麦パン」がよく合う。ドリンクはトロッと濃厚な「ときがわ産有機ニンジンジュース」（セット価格280円）を

from cafe

2階には、立ち飲みもできる「武蔵ワイナリー直売所」（11～21時・立ち飲み17時～）、「インドネシア雑貨屋台ぶんぶん堂」（12～17時）があり、食事だけでなく色々と楽しんでいただけます!

●店主　山下嘉彦さんと奥様の由美子さん

おすすめメニュー

Food ランチ（～14:30）/パスタセット（自家製酵母パン・スープor サラダorドリンク）1100円、オープンサンドセット（10食限定・自家製酵母パン・スープ・サラダ・チーズ・おかず・ディップ付）1200円、日替わり定食（平日10食のみ）1000円など　ディナー（17:30～）/ピッツア1000円、パスタ1000円など

Sweet （ティータイムのみ）天然酵母パンのフレンチトーストセット（ドリンク付）820円、バナナケーキセット（ドリンク付）820円、自家製ジェラードセット（ドリンク付）750円など

Drink 有機栽培コーヒー（ホット）430円、無農薬紅茶（ポット）430円、カフェオレ（ホット）460円、穀物コーヒー430円、チャイ（牛乳or投入）460円など

Memo ＊食事を注文するとドリンク（一部）が280円に。＊デザートは＋110円でジェラード添えに。＊販売しているパン、スコーン、クッキーは店内で注文可。＊ティータイムのデザートは単品注文可。＊スコーン、焼き菓子、小川町産野菜、手作りジャム、有機人参ジュースなどの販売あり。

LUNCH SWEET ZAKKA BOOK EVENT PET CARD PAY
＊介助犬OK

1

自然豊かな森のパン屋さんでこだわりのパンと癒しの時間を！

そのつもり《そのつもり》

「森の中で自家製酵母パン作りによい場所」を探していた朝妻さん夫妻。探していた森に近い場所が見つかり、「パンを買った後、お茶をしてもらえれば」と現在はイートインできないが、カフェスペースもオープン。

夫婦二人で焼くパンは、ぶどうとライ麦の自家製酵母などと無農薬栽培の埼玉産と国産小麦やライ麦で作った生地を使って焼き上げたもの。キッシュやカフェで使用する野菜は無農薬野菜の勉強をした裕司さんが育てたものや地元の有機野菜を使用。カフェでは、いろいろなパンを食べて欲しいとベーカリーならではのメニューを用意。丘陵や田園風景を楽しみながら自家製酵母パンと有機野菜をいただく…癒しの時を体感できるはず。

Shop Data　TEL.049-296-5760　比企郡鳩山町高野倉435-1

営 11:30～16:30　パンの販売11:00～17:00
休 月～水曜
席 8席（テーブル席8）
交 JR八高線「明覚駅」から徒歩約60分、または「明覚駅」からときかわ町路線バス「武蔵嵐山駅行」乗車「ときがわ町役場入口」下車徒歩約40分、JR八高線「越生駅」・東武東上線「高坂駅」から鳩山町営路線バス「高坂駅～上熊井～越生駅行」乗車、上熊井下車徒歩30分
P 3台
URL https://www.facebook.com/sonotumori/

【cafeからのお願い】店内が狭いので小さなお子様をお連れのお客様はケガ等防止のため、お子様が一人歩きなさらないようご留意をお願いいたします

Cafe 3密対応
来店前にお店にご確認ください
TAKE OUT

1.食事パン中心の「そのつもり」のパンたち。小麦の風味と酵母の酸味を楽しめる「カンパーニュ」は珍しい楕円形! 長さ40cm重さ1.5～2kgを1g1.5円～購入できる。「ぶどうパン」(470円)や「ひまわりの種と黒こしょう」(230円)など、どれもオーガニック食材を使用 **2.**布越しに柔らかい陽射しが差し込むカフェスペース。窓の外には丘陵、田園風景が広がる **3.**奥にもおしゃれな空間が広がる **4.**「おいしくて安全なものを」にこだわったカフェメニュー。「キッシュセット」(950円)には、有機野菜の大根ソテーやごぼうチップ、じゃがいもとチーズのマッシュ、自家製マヨネーズなど、有機野菜の甘みが口いっぱいに広がるデリを一緒に味わえる

6.毎日11時頃には「カンパーニュ」「フルーツナッツ」「全粒粉のクロワッサン」「食パン(日替わり)」「チーズぱん」「シナモンロール」「パンオショコラ」「キッシュ」「サンドウィッチ」などが並ぶ

5.ジェラードとワッフルセット(800円)は、無農薬スペルト小麦を10%ブレンドして自家製酵母で作ったワッフル2枚の上に、平飼い卵と低温殺菌牛乳で作った自慢の「自家製ジェラード」をトッピング

from cafe

作家さんから許可をいただいて、大好きな絵本「そのつもり」を店名に。カフェのメニューは開発途上中! 栄養士免許を活かしてサンドウィッチも研究中。美味しいパンメニューを食べてもらえるよう二人でがんばります!

●店主　朝妻裕司さんと京子さん

おすすめメニュー

＊すべて税込価格

Food　平日/キッシュセット(ドリンク付)950円、好きなサンドウィッチセット(ドリンク付)サンドウィッチ料金＋400円など　土・日曜(ドリンク付)/パンの盛り合わせプレート(スープ付)1250円、厚切トーストセット750円など

Sweet　ケーキセット(ドリンク付)好きなケーキかデニッシュ料金＋350円、ジェラードとワッフルセット800円など

Drink　コーヒー400円、ハンドドリップコーヒー480円、カフェオレ550円、デカフェ(カフェインレス)530円、チャイ580円、紅茶480円など

Memo　＊コーヒー、カフェオレ、ミルコココア、野菜ポタージュ(乳製品不使用)はテイクアウト可。マイカップ持参でドリンク30円引き、スープ50円引きに。

1

築50年のシックな古民家ベーカリーカフェで心と身体にやさしいパンと出合う

パンと、惣菜と、珈琲と。

ぱんと、そうざいと、こーひーと。

熊谷市役所通りにあるPUBLIC DINER系列のベーカリーカフェ「パンと、惣菜と、珈琲と。」は、無添加、無保存料で本物の食材を使用する「EAT GOOD 心と身体にいいものを。」がコンセプト。

扉を開けると焼きたてパンの香りに包まれる。昔ながらの菓子パンからフランスパンなどのハード系まで、毎日30～40種類焼き上げられる。パンにはすべて活性水素水を使用し、中でも水を粉と同量で配合する100%加水パンは皮が薄く中はもっちりの新食感で人気。

しっかりランチならサラダやスープのついた「ランチボックス」、軽めのランチなら好きなパンとオリジナル焙煎珈琲など、自分スタイルのベーカリーランチを2、3階のカフェスペースで楽しむことができる。

Shop Data TEL.048-501-7330 熊谷市宮町2-131

営 9:30～17:00　土曜 ～16:00　*イートイン～15:00
休 日曜（祝日休みあり 要確認）
席 29席（2階／カウンター席5、テーブル席16　3階／テーブル席8）
交 JR高崎線「熊谷駅」北口から徒歩15分
P 2台

Cafe 3密対応
来店前にお店にご確認ください

イートイン不可
店内入場制限（3組ずつ入店）

1.日差しが差し込む明るい店内は、「心と身体にいい」菓子パン、惣菜パン、ハード系パンや人気の食パンが並ぶ。契約農家から仕入れる有機野菜をたっぷり使用したサラダや惣菜もおすすめ 2.地元熊谷産小麦「さとのそら」や埼玉産小麦「ハナマンテン」を中心にした国産小麦や横田農場のオーガニックらい麦、よつ葉バターを使って作られるパンたち。とくに最高品質の国産小麦粉を使った食パン「生きているパン」は人気 3.自然豚の肉を低温調理した自家製ハム、かぼちゃのクリームチーズサラダ、にんじんのラペ、紫キャベツのコールスローなど、日替わりのデリ4種に、グリーンサラダ、自家製野菜スープ、日替わりのキッシュとパン3種がついた「ランチボックス」(920円)は食べ応えあり

2

4

3

5

4.2階には、トースターやお皿などが用意してあって、イートインスペースとしても利用できる 5.2、3階は、桟や欄間などの意匠はそのままに築50年ほどの古民家の良さを残したイートインスペース。モンローのポップアートが印象的

from cafe

パン、惣菜、珈琲がセットになった「LUNCH BOX」。お店のおいしいものをギュッと詰め込んだおすすめの一品です。惣菜は日替わりで4種、キッシュとサンドの2種類をご用意。ぜひ召し上がってください

●パン職人　中野祐太さん

おすすめメニュー

＊すべて税別価格

Food ランチ／LUNCH BOX(デリ４種、サラダ、珈琲または自家製野菜スープ付　テイクアウト可)／キッシュ＋パン３種920円、日替わりサンド920円

Sweet シュガーキューブ360円、ダックワーズ(珈琲orラムレーズン)280円、かぼちゃのプリン320円など

Drink オリジナルブレンド珈琲250円～など

Memo ＊購入したパン、ドリンク、デリなどのイートイン利用可(トースターあり)。

1

料理と自家製パンの「おいしいのハーモニー」を堪能できるカフェ

PENGIN Café

ペンギン カフェ

ペンギンのオブジェが目印の「PENGIN Café」。フレンチやイタリアンをベースに地元の朝採れ野菜、肉や魚は生産者の顔がしっかりわかるものにこだわったオリジナル創作料理が食べられる。ランチは、たっぷりのサラダ、人気のにんじんフライ、メイン、スープ、朝焼きパン2種とドリンクが付いたランチプレート1種類。

料理も自家製パンもすべて店主の師岡さんが一人で作る。手を抜かないこだわりの料理や北海道産小麦を使って丁寧に焼き上げるパンを楽しみに来店する常連客も少なくない。

食べ終わって「おいしいのハーモニー」を感じられる料理に出会えること請け合い！　予約しても出かけたいカフェだ。

Shop Data　TEL.048-585-0566　深谷市岡2670-10

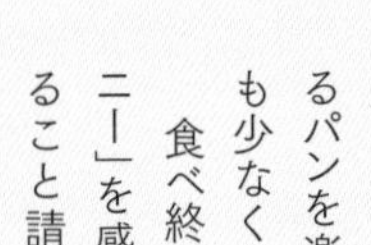

営 水～土曜11:30～16:00（ランチ～14:30）金曜夜のみ18:00～22:00
休 月・火曜 ＊定休日予約受付可能
席 20席（テーブル席16、テラス席4）／分煙（喫煙場所のみ）　テラス席のみペット可
交 JR高崎線「岡部駅」から徒歩1分
P 5台（満車の場合は、お声がけください）
URL http://pengincafe.jimdo.com/

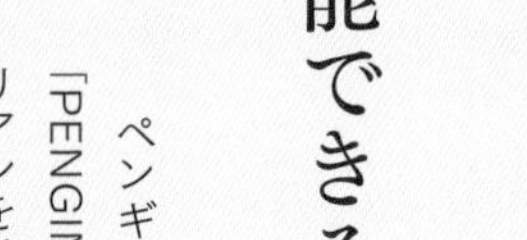

【cafeからのお願い】店内が狭いため、乳幼児のお子様連れのお客様は平日のご来店のご協力をお願いします。

Cafe 3密対応
来店前にお店にご確認ください

カフェ休業

TAKE OUT パン・お弁当予約販売

3

2

1.カンパーニュ(800円、1/4 250円)などのハード系パンやシナモンロール(ホール1200円、カット200円)などのスイーツ系パンなど、その日によって種類が違うけれど、売り切れ必死のパンたち 2.この日のワンプレートランチ（1200円）のメインは野菜をたっぷりのせた「なすボードグリル」、人気のにんじんフライは何度も食べたい一品 3.隠れた人気の「厚焼きたまごサンド」(500円・テイクアウト可)は、オーロラソースの甘さとフワッフワたまごが最高に美味!

4

4.ログハウスを思わせるような店内は、ウッディでシンプル。余分な装飾がない雰囲気が、料理のおいしさを引き立ってる。金曜はピザとパスタの夜バルもオープンしている 5.テラス席はペットもOK 6.このペンギンのオブジェが目印

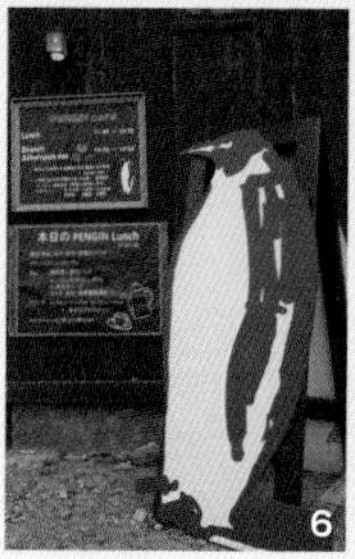
6

5

from cafe

朝焼きパンやサンドイッチ類は、ご予約いただければご用意できます。金曜の夜はパスタとピザの夜バルをオープン。昼夜ともネットかLINEでご予約いただけると助かります

●店主 師岡範子さん

おすすめメニュー

＊すべて税込価格

Food ワンプレートランチ（季節のサラダ・メイン・朝焼きパン２種・スープ・ドリンク付）1200円 バル／シェフおすすめパスタセット（ドリンク付）1500円、パンDE Pizza(一人前・ナン型）748円

Sweet 本日のケーキ350円～、ペンギンのパンケーキ（プレーン・季節のフルーツパンケーキ）800円～

Drink ストレートCoffee450円、ストレートTea500円、青森津軽産100%リンゴジュース580円など

Memo ＊ランチ以外のメニューは14：00～。＊自家製焼きたてパンの販売あり。＊ホールケーキの注文も可。＊バルのドリンクセットはアルコール可。＊定休日も食事、お弁当の予約可能。

電車で巡る

秩父カフェ＆パワースポット

❶宝登山神社　TEL.0494-66-0084

火災盗難よけ・諸難よけの守護神としての御神徳が高く、地元はもとより関東一円から参拝者が訪れる。ロープウェイで行く宝登山山頂に奥宮がある。
＜ご利益＞金運招福・災難除け・商売繁盛など

交 秩父鉄道「長瀞駅」から徒歩8分
URL http://www.hodosan-jinja.or.jp/

写真提供・宝登山神社

パワースポット「奥宮」

ギャラリー喫茶 やました

宝登山神社の参道にあるカフェ。モダン和風の店内には、照明作家の作品などがあり、静かな時間を過ごせる。本わらび粉のわらび餅、カラメル焼きプリンが人気。

TEL.0494-66-3175
営 10:00～18:00＊営業時間変更あり。電話確認を
休 不定休
URL http://shimofure.com/site/yamashita.html

cafe gentille（カフェ ジャンティーユ）

P.106参照

OMED cafe

P.98参照

ブック・カフェ・ギャラリー PNB-1253

秩父地域の食材で作られたガレットやクレープが人気。秩父の自然、草を食む屋久島ヤギのブッチくんに癒やされ、アートや本たちに囲まれてゆったりした時間が過ごせる。

TEL.0494-62-6323
営 11:00～19:00(冬期～18:00)
休 水・木曜(臨時休業あり)
URL https://pnb-1253.tumblr.com/

ラパンノワール くろうさぎ

自家培養天然酵母、国産小麦、オーガニック食材などで作るパンが人気。カフェスペースでは、オーガニックのコーヒーや紅茶などがあって、購入したパンもイートインOK。

TEL.0494-25-7373
営 10:00～18:00
休 火・金曜
URL http://www.lapin-noir.co.jp/

ジェラテリア HANA

P.102参照

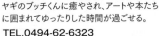

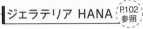

秩父三社で歴史に触れてパワーをもらい、お気に入りのカフェを見つける…
さぁ、秩父鉄道に乗って「秩父のカフェ&パワースポット巡り」に出かけよう!

＊新型コロナウィルスの影響により、営業日・営業時間などが変更されている場合があるため、来店時には電話や各店舗のSNSなどをご確認ください。

❸三峯神社

TEL.0494-55-0241

コーヒーハウス 小教院
写真提供・三峯神社

富士山から東京へと流れる強い龍脈上にあり、強力な気の流れのパワースポットとして有名。境内には江戸時代のお寺の本堂を改修した「コーヒーハウス 小教院」があり、石清水で淹れたコーヒーがいただける。

＜ご利益＞火難盗難除け・災難除け・家内安全・縁結び・夫婦円満

交 西武秩父線「西武秩父駅」または秩父鉄道「三峰口駅」から西武観光バス「急行・三峯神社行き」で終点「三峯神社」下車すぐ

URL http://www.mitsuminejinja.or.jp/

❷秩父神社

TEL.0494-22-0262

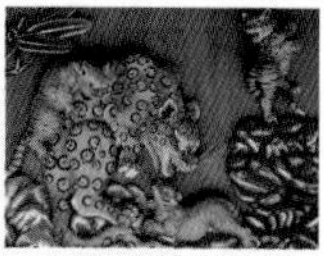

左甚五郎作「子育ての虎」
写真提供・秩父神社

秩父を象徴する武甲山の男神と秩父神社の女神が年に1度だけひそかに会う「秩父夜祭」で知られる古社。現在の本殿は徳川家康が再建し、社殿に施された彫刻が左甚五郎作でも有名。

＜ご利益＞厄除け・学業成就・縁結び・恋愛成就

交 秩父鉄道「秩父駅」から徒歩3分、西武秩父線「西武秩父駅」から徒歩15分

URL http://www.chichibu-jinja.or.jp/

P.104 参照 MAPLE BASE

泰山堂café

秩父のレトロな町並みに佇む、昭和初期の登録有形文化財の建物にあるカフェ。フランスで修行した店主のスイーツを目当てに遠方から来る人も多い。ヌガーグラッセは必食!

TEL.0494-22-0946

営 13:00〜17:00

休 火・水曜(臨時休業あり)

URL http://blog.livedoor.jp/taizandocafe/

＊7歳以下のお子様のご入店はご遠慮いただいております

P.100 参照 cafeほっkuri

jurin`s geo
(ジュリンズ ジオ) P.126 参照

築50年の建物を主人自ら仏の古材を使って床を張り、アンティーク家具で居心地の良い空間に。ランチは満席に

cafe uwaito

カフェ　ウワイト

浦和の人気店でブランド卵を使ったカフェごはんとスイーツを味わう

浦和駅西口から徒歩3分にある「cafe waito」。ラテアートが有名な移動カフェだったが、2013年に実店舗をオープンするや「浦和にここまでカフェな感じの店はなかった」とまたたく間に人気店になった。

青い扉を開けて店内に入ると、木が基調のぬくもりある空間が広がる。1階はレトロアンティークな雰囲気。2階は和室をリノベーションしたしっとりした空間で、たくさんの絵本が彩りを添えている。この店では、看板のラテアートはもちろんだが、コクと甘味が強く、濃厚でおいしい〈田中農場〉の卵を使った料理とスイーツを味わっていただきたい。2種のオムライス、そして光家有作さんが描いたオリジナルのラベルがかわいい6種類の瓶詰プリンは絶品。食べないと後悔するかも…。

from cafe

せっかく来ていただいたのにお待たせすることがあります。ご来店前にお電話でご確認いただければ…。お電話でのご予約もできます。また、平日の夕方は静かな時間…ゆっくり過ごしていただけます

●オーナーの上田さんと由貴さん

Cafe 3密対応
来店前にお店にご確認ください

TAKE OUT

2

1

5

4

3

1.「季節のタルト」(600円～)が人気。写真は「いよかんのヨーグルトタルト」と店の代名詞のアートな「キャラメルマキアート」(520円) 2.「田中農場の卵」を使った「オムライス」(1080円)に+500円で「ドリンク&プリンセット(プレーン)」をプラス 3.和風を残した落ち着いた2階は、絵本の世界 4.5.窓枠やwelcomeボードの絵もチェックしてみよう

おすすめメニュー

＊すべて税別価格

Food ランチ／オムライス1080円、チーズオムライス1150円、本日のキッシュ950円、ナポリタン(シンプル、目玉焼きのせ、オムレツのせ)880～1080円など

Sweet 季節のタルト600円～、特製プリン550円～、季節のデザート500円～など

Drink カフェラテ480円、豆乳カフェラテ520円、キャラメルマキアート520円、自家製レモネード550円など

Memo ＊ランチは＋200円でドリンク付、＋500円で「ドリンク＆プリンセット」に。＊ドリンク２杯目以降は、-100円引きに。

Shop Data

TEL.048-711-5870 さいたま市浦和区岸町4-2-18

営 日･月曜、祝日 11:00～18:00(ランチ～15:00)
火･水･金･土曜 11:00～19:00(ランチ～15:00)
＊Food LO閉店60分前　Sweet&Drink LO閉店30分前
休 木曜
席 40席(1階/カウンター席2、テーブル席23　2階/カウンター席6、テーブル席9)
交 JR「浦和駅」西口から徒歩3分
P 無(コインパーキング有)
URL http://uwaito.com/

2階には、外の景色が眺められるカウンター席、自分の世界に入り込めそうな和室風の席などがあり、気分に合わせてゆったりできそう

お花とカフェのお店 Coeur Vierge

おはなとかふぇのおみせ　クール ヴェルジュ

お花が出迎えてくる癒し系カフェで
ゆったりと流れる穏やかな時間を過ごす

旧中山道の通称「裏門通り」に面した「Coeur Vierge」は、古民家を改装して作られたオシャレなカフェを併設したお花屋さん。

花屋の奥にあるカフェスペースには、随所にオーナー大谷さんのこだわりが散りばめられている。花屋から中庭へと続く1階は、お花の香りに包まれながらランチやドリンクを楽しむカジュアルな空間。2階は、お茶を飲みながらゆったり寛ぎの時間を過ごせるしっとり落ち着いた空間。

「ペーストやドレッシングなど、可能な限り手づくり」というランチは、花の雑誌やフラワーアレンジメントの仕事で出かけた海外の経験を活かし、旅をテーマにしたオシャレな料理がいただける。お花とグリーンを楽しみながら、素敵なカフェでのんびりカフェタイムを楽しんではいかが。

from cafe

2階のスペースでは、やさしい色合いのお花を使った「お花のレッスン」を行っています。リフレッシュできると大好評。参加してみませんか（カフェ・ドリンク付）

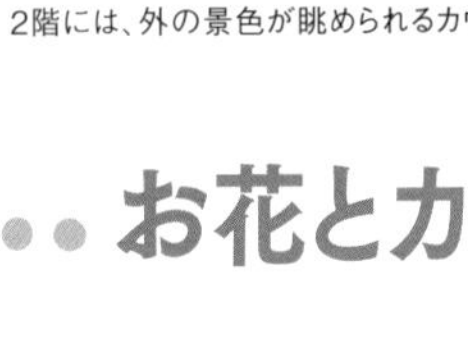

●オーナー　大谷友譽さん

Cafe 3密対応
来店前にお店にご確認ください

カフェ休業

1.「お抹茶セット」(680円)と和菓子「栗むしようかん」(500円)。2杯目以降のお抹茶は、自ら点てる演出。茶を点て、花を眺めてゆるりとした時間が過ごせそう。和菓子は、店主が厳選のお取り寄せの逸品 2.カフェは、2階の和を活かした落ち着いた空間がメイン 3.四季折々の花に出合える 4.この日のランチは「さやいんげんとたらの芽のジェノベーゼ」がメイン。デザートは「バナナのパンケーキ」

おすすめメニュー

＊ランチ以外は税別価格

Food 2週間替わりランチ(木・金曜のみ)1000円 ＊ランチは現在休業中。再開はURLで確認

Sweet 本日の洋菓子・本日の和菓子500円〜

Drink 炭火焙煎珈琲430円、オーガニック珈琲550円、お抹茶(干菓子付)680円など

Memo ＊ランチは、＋200円でドリンク付、＋200円でデザート付に。＊ドリンク類は、テイクアウト可。

Shop Data

TEL.048-815-8888 さいたま市浦和区仲町2-13-14

営 10:00〜18:00(フラワーショップ10:00〜19:00)
休 月・日曜・祝日
席 24席(1階／テーブル席10　2階／カウンター席4、テーブル席10)
交 JR「浦和駅」アトレ北口から徒歩5分
P 無(コインパーキングあり)
URL http://www.coeurvierge.com/

木をふんだんに使った温かみのある店内には、アンティーク雑貨やインテリアがセンス良く配置され、落ち着いた雰囲気だ

tokihana

トキハナ

オーナー夫妻の温かさが伝わる
静かな住宅街にあるアットホームなカフェ

中山道から少し入った静かな住宅街。白壁に木の扉の外見がオシャレな「tokihana」がある。

「自分でいつかお店を…という夢があって」という奥様のみどりさん。当初は、お茶とケーキだけのつもりだったが、ご主人の定年を機に二人三脚でお店をスタートさせた。

ご主人の直さんは、奥様も認める料理の腕前。一方、「シンプルなお菓子が好き」という奥様は、製菓学校で講師を務めていたプロ。「料理とスイーツ、担当を分けることができてちょうどよかった」とご主人。

「おいしくて栄養満点のものをなるべくリーズナブルに」というお二人。ご夫婦の醸し出すアットホームな雰囲気が、滞在時間を長くさせる居心地の良いカフェだ。

from cafe

店内には、アンティークのお菓子作り道具や雑貨などがあり、また装飾は2ヵ月ごとに変えています。ちょっとした「遊び心」ですが、前と違うところをぜひ探してみてください

●マスター 西尾 直さんとみどりさん

Cafe 3密対応
来店前にお店にご確認ください

1.オーナーの実家で使っていたアンティーク・ランプや英字の古書、踏みミシンを再利用したサイドテーブルなどが、懐かしさと温かみを感じさせてくれるステキな空間　2.焼きカレーはマスターの自信作。「アツアツを食べてほしい!」というや否や、おいしそうな匂いと一緒にたくさんの野菜がトッピングされたランチの「彩り野菜のチーズ焼きカレー」(ドリンク付・1000円)が運ばれてきた。熱いがオリジナルブレンドのスパイス味に誘われて食が進む!

2

1

5

4

3

おすすめメニュー

＊すべて税込価格

Food 本日のランチ(サラダ・スープ・ランチドリンク付)1000円／彩り野菜のチーズ焼きカレー、本日の丼、本日のパスタなど(4〜5種類)
Sweet 本日のケーキセット850円
Drink コーヒー(ポット)450円、紅茶(ポット)450円、カフェラテ450円、フルーツティー(ノンカフェイン)500円など

Memo ＊ランチは、ドリンクなしで900円。＊ランチは、+400円で「本日のケーキ」付に。＊ランチドリンクは、2杯目以降200円に。＊「貸し切りパーティー」の予約可・時間相談可(例:6名以上＜飲み放題プラン＞4000円／人〜)。

3.「フランボワーズのチーズタルト」と「いちごのロールケーキ」は、どちらもケーキセットで850円　4・5.ローズマリーが植えられた小さな花壇、益子焼の食器…日常のセンスのよさが感じられる

Shop Data

TEL.048-825-6796　さいたま市浦和区常盤5-17-16

営 11:00〜18:00
休 不定休 ＊URLのカレンダーで確認
席 19席(カウンター席3、テーブル席16)
交 JR京浜東北線「北浦和駅」西口から徒歩10分
P 2台
HP http://tokihana.com/

LUNCH　SWEET　ZAKKA　BOOK　EVENT　PET　CARD　PAY

ナチュラルでシンプルな店内。席の間隔がゆったりしていて、とてもくつろげる

喫茶《きっさ》 湊《みなと》

手紙風のメニュー、ゆったりした席、
おもてなしのカフェで季節の美味を味わう

大宮駅東口から、駅前大通を散歩気分で真っ直ぐに歩くこと15分ほど。古いビルの1階におしゃれなブリティッシュグリーンの扉を発見！ ここが「喫茶湊」。日差しが差し込む明るい店内は、漆喰の壁にブラウン基調のシンプルで落ち着いた雰囲気。

2019年7月にオープンして以来、季節のフルーツたっぷりのスイーツや旬の野菜をふんだんに使った「スープ、キッシュプレート」を目当てに訪れる人が絶えない。また、「あまりかしこまらずに入れる街の喫茶店が好き」という店主・大熊さんが取り入れた喫茶店メニュー「特製ハヤシライス」はさっぱりとした味わいで人気。どれも店主こだわりの食材で作られた、滋味溢れる味わいだ。

from cafe

テーブルにある封筒の中にメニューが入っています。私は手紙をもらうと嬉しくなるので、来ていただいた方にメッセージを送るつもりで「今日のメニュー」を封筒に入れてみました(^ ^)V

●店主 大熊 亜生さん

Cafe 3密対応
来店前にお店にご確認ください

軽食のみ

一部予約制（nstagramのプロフィールに予約サイトのリンクあり）
1グループ2名まで／時間制限60分まで

2

1

4

3

1.壁には店主の好きなポストカード、テーブルには山野草などの生花がセンスよく飾られている 2.ちょっと渋いネームボードだけれど、「喫茶 湊」という文字にはぴったりの雰囲気 3.ラムネ風味の鮮やかなブルーのシロップ、下にはナタデココが入っていて見た目も味、食感も楽しめる湊をイメージした「湊ソーダ」(650円)。季節の果物をたっぷり使ったタルトは人気。この日は「苺のタルト」(680円) 4.季節のスープ・キッシュプレート(1200円)。この日は「冬の根菜のコンソメスープ」と「ほうれん草とマッシュルームのキッシュ」がメイン。スープもキッシュも優しい味わいでANKHのパン、サラダ、食後の珈琲まで…バランスのよく“満たされた気分”が味わえる

おすすめメニュー

＊すべて税込価格

Food 季節のスープ・キッシュプレート(スープ・キッシュ・パン２種・サラダ・ドリンク付)1250円～　特製ハヤシライス(サラダ・ドリンク付)1220円

Sweet 季節のタルト580円～、季節のロールケーキ480円～、国産レモンのケーキ500円、スコーン(生クリーム・ジャム付) １個250円・２個520円など

Drink ブレンド(中煎り)520円、本日の珈琲580円、カフェオレ580円、狭山の和紅茶580円、湊ソーダ650円、季節のシロップソーダ600円など

Memo ＊Foodのドリンクは＋350円で湊ソーダ、フロートに。それ以外は＋300円で変更可。＊久喜clarteのジャム、祐天寺coffeecarawayの珈琲の購入可。

Shop Data

TEL.非公開　さいたま市大宮区天沼町1-81-4

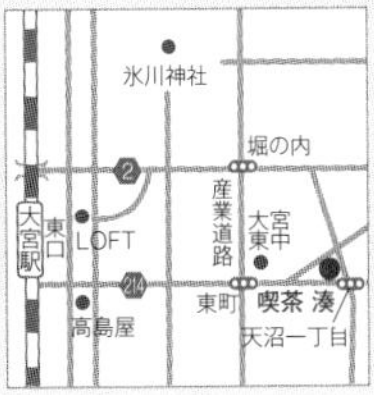

営 11:30～18:00
休 木曜・第1・3水曜(不定休あり)＊インスタ等で確認
席 14席(テーブル席6)＊3、4人掛けは1テーブルのみ
交 JR「大宮駅」東口から徒歩15分、「大宮駅」東口から「東新井団地行き」「中川循環」など乗車、「天沼一丁目」「南堀の内」下車徒歩2分
P 無(近隣にコインパーキングあり)
URL https://www.instagram.com/kissa_minato/

入口脇のカウンター席は、窓から庭一面が見渡せる。時間を忘れ、本を片手にゆったりとティータイムを過ごすのにおすすめ

márú

マールーウ

庭を眺め、おいしいカレーを食べる…
時を忘れる癒しの一軒屋カフェ

さいたま新都心駅から徒歩15分。静かな住宅街の一角にある、素敵な庭の家が「márú」。2012年末に大宮の店を閉店、約半年後リニューアルオープンした。納屋を改造した店内は、オープンスタイルのキッチン・ダイニング、入口脇のカウンタースペースがあり、他に庭のテラス席がある。どのスペースからも丹念に手入れされた庭を眺められるのが嬉しい。

庭を眺めながらいただくのは、「生産者さんの思いがつまったお米や野菜の味を楽しめる、安心で身体が喜ぶおいしいごはん」。人気のスパイシーカレーは以前の2種盛りから4種盛りへとバージョンアップ！ 加えてご飯メニューも充実。庭の四季の草花の暮らしぶりを眺めながら、ゆっくり食事やスイーツを味わう至福のときが体験できる。

from cafe

皆さんが喜んでくださる庭は、丹精込めて育てあげたもの。春の花々、夏の緑、秋の紅葉、冬にも草花が見られます。庭でランチ、食後の散策など、ぜひご覧になってください

Cafe 3密対応
来店前にお店にご確認ください

推奨

1.入り口横にあるカウンター席も庭を眺めながらの食事が楽しめる 2.márúの定番ドリンク「サイフォン式コーヒー」と季節のケーキ 3.チキンカレー&ポークビンダルー&豆カレー&厚揚げタイ風グリーンカレーが一度に食べられる「4種盛りカレー」(1000円)は人気! サラダや副菜も美味 4.庭にはガーデンテーブルなどがあり、庭の草木を眺めながらゆったりした時間を満喫できる

おすすめメニュー

＊すべて税込価格

Food 4種盛りカレー1000円、れんこんハンバーグ定食1100円、アボカド丼1000円
Sweet 季節のケーキ450円など
Drink サイフォン式コーヒー(ホット)400円、ウォータードリップアイスコーヒー400円、チャイ(ホット)400円、ハニーレモネード(ホットorアイス)500円など
Memo ＊ドリンクのみの注文の場合は＋100円。

Shop Data

TEL.090-9383-1510 さいたま市大宮区北袋町1-236

営 11:00~17:00(ランチ~15:00) ＊予約おすすめ
休 月・土・日曜(臨時休業有・インスタで確認)
席 32席(カウンター席5、テーブル席12、2階席7、庭/テラス4、ガーデンテーブル4/テラス席のみペット可
交 JR「さいたま新都心駅」東口から徒歩15分
JR京浜東北線「与野駅」東口から徒歩15分
P 3台
URL https://www.instagram.com/cafe__maru/

オーナーの人柄のように明るい店内。白い壁とウッディな机とイス、さりげなく置かれた小物など、ゆっくりとカフェタイムが楽しめそう

食堂カフェ ラパン

しょくどうかふぇ　らぱん

真っ白なかわいいカフェで 体にやさしい食事とお菓子を召し上がれ！

管理栄養士の資格と野菜ソムリエの資格を持つオーナーが、産地や旬にこだわった食材で身体に良いランチやスペシャルティコーヒーを提供するカフェをオープンした。「管理栄養士の仕事を通して感じたのは、教えているということ。カフェなら、教えるのではなく同じ目線で〈食べる大切さ〉を伝えられるかなと」とオーナーの中村さん。

主食＋主菜＋副菜の組み合わせが基本のカフェごはんは、食べて味わって感じる「バランスの良い食事」のお見本。でも、素材の味を活かすため、レシピはシンプルなのが特徴。また、色とりどりの野菜には、時おり地元の珍しい野菜がお目見えする。「メニューは2週間替わり。仕入れている畑の収穫で替わります」。小さな真っ白のかわいいカフェには、おいしくて滋味豊かな食事とスイーツが待っている。

from cafe

「ほうじ茶の焙煎体験」「お出かけバックづくり」、野菜の「ベジトーク」などの月1回のワークショップに参加してみませんか。ランチ付またはおやつ付2500円～（詳細は問い合わせを）

●オーナー　中村裕子さん

Cafe 3密対応
来店前にお店にご確認ください

4.雑穀米などで活躍する雑穀や豆たち 5.晴れた日はテラス席がおすすめ

1.使われている食材などは、黒板の「Lapinの食材たち」をチェック！ 2.主菜・副菜3種・サラダ・汁物・七分づきご飯とバランスよい「ラパンプレート」（1050円） 3.「よくばりおやつプレート」（700円）は、「狭山抹茶とホワイトチョコレートのガトーショコラ」と「あんこのスコーン」。自家製フルーツシロップを使った「苺ソーダ」（500円）

おすすめメニュー

＊すべて税込価格

Food ランチ／ラパンプレート1050円、季節のランチ1050円　カフェタイム（14:00〜）／本日のサンドウィッチ（サラダ付）700円

Sweet よくばりおやつプレート（スコーン1個＋好きなケーキ）700円、本日のスイーツ380円〜など

Drink ラパンブレンド400円、狭山の紅茶450円、自家製フルーツシロップのドリンク450円〜、お子様りんごジュース300円など

Memo ＊ランチは、＋200円または＋300円でドリンク付、＋250円で「ちょこっとデザート」（スコーン除く）付に。＊スイーツは、ドリンクを注文すると50円引きに。

Shop Data

TEL.048-878-8355　さいたま市岩槻区宮町1-2-18

営 11:30〜18:00（ランチ〜14:00）　冬期〜17:00
休 日・月・火曜（臨時休業有　HP、facebookなどで確認）
席 18席（カウンター席6、テーブル席8、テラス席4）
分煙（テラスのみ）
交 東武アーバンパークライン「岩槻駅」西口から徒歩11分
P 4台（店前2台、100m先に2台）
URL https://cafelapin.net/
https://m.facebook.com/cafelapinyuko/

LUNCH　SWEET　ZAKKA　BOOK　EVENT　PET　CARD　PAY

大きな窓からは、見沼田んぼの春夏秋冬の風景を見渡すことができ、冬の寒い日には真っ正面に富士山が雄壮な姿を見せる

fu・fu・fu PLUS

フ・フ・フ　プラス

見沼の田園地帯を一望できる、体に優しい「私然食」のナチュラルフード・カフェ

建物を回り込むようにして正面に出ると、まず驚くのが１８０℃に広がる田園風景。このステキな風景を楽しみながらいただく食事は、玄米や雑穀、季節の新鮮な野菜を使った身体にやさしい玄米菜食を中心とした「私然食」。

「身体を食べ物で内側から健康、元気にする」がコンセプトという滝本さん。天然酵母パン、できる限り無添加の調味料を使い、有機野菜などをたっぷり使った料理、大豆を発酵させたテンペや小麦グルテン、大豆タンパクなどを肉や魚代わりに使った料理など、食感や味のメリハリ、バランスの取れたおいしさに思わず箸が進んでしまう。

広々とした店内で、身体にやさしい食事をしながら、窓の外の風景を眺める…ゆったりとした時間が過ごせそうだ。

from cafe

岩槻駅東口から4分のところにお酒が飲める「cafe&ball FuFu-Fu 2'nd」オープン！　ヘルシーな料理とお酒をお楽しみください。11:00～21:30　日曜休
048−797−5537

●店主 滝本 海さん

Cafe 3密対応
来店前にお店にご確認ください

推奨

TAKE OUT

1.ランチの「よくばりプレート」（1700円）。玄米ごはん、酵母パン、スープ、3種の副菜、たっぷり野菜のサラダ、テンペと根菜のカレー、さらに御養卵を使った自家製ケーキとドリンクが付いてボリューミー！　2.おすすめドリンクは、右から「醗酵カシスドリンク（ホット）」、人気の「甘酒ラテ」、南米産のビタミンの王者「醗酵カムカムドリンク（ホット）」各550円　3.4.5. 店内には、厳選した天然素材の小物や雑貨が並び、展示会や個展も開催

おすすめメニュー

＊すべて税込価格

Food ランチ／よくばりプレート（ドリンク・ケーキ付）1700円、季節の麺プレート（ドリンク・ケーキ付）1700円

Sweet 本日の自家製ケーキ450円

Drink 有機栽培ネルドリップコーヒー550円、ソイラテ550円など

Memo ＊人気の自家製季節のドレッシング（リンゴ・甘夏・甘酒など）は購入可（600円～）

Shop Data

TEL.048-798-5268　さいたま市岩槻区横根364-2

営 11:00～17:00　土・日曜・祝日～17:00
休 水曜
席 35席（テーブル席27、ソファー席6、テラス席2）／テラスのみペット可
東武アーバンクライン「岩槻駅」西口からタクシー
交 15分
P 15台
HP https://www.instagram.com/fufufuplus/

LUNCH　SWEET　ZAKKA　BOOK　EVENT　PET　CARD　PAY

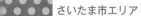

シンプルな内装が落ち着いた雰囲気の店内からは、風情ある旧中山道の町並みが臨める

自然派ごはん Teru cafe

しぜんはごはん テル カフェ

自然素材のおいしいごはんで
元気になれて身体がじんわり喜ぶカフェ

古き良き街並が残る風情ある旧中仙道にある自然派ごはん「Teru cafe」。移住していた沖縄で「食の大切さを知った」オーナーのテルさん。埼玉に帰り、専門のスクールに通って調理師免許を取得、できる限り自然食材にこだわった、マクロビオティックをベースにした〝一食一食を大切にする〟動物性・乳製品・卵・白砂糖不使用のビーガン・メニューを提供している。おすすめは、1プレートに植物性たんぱく質を含む5大栄養素が必ず入るよう工夫した、人気のランチプレート。大豆のソイミートの唐揚げなど、お肉も魚も使っていないのに同じ味と満足感にびっくりするはず。

おいしい料理で自分の体調や健康を見つめ直す…このカフェではそんな時間を過ごせるはずだ。

from cafe

一人でやっている小さなカフェですので、お席の状態などをお電話で確認してくださるとスムーズにご案内できます。お待ちしています

●オーナー テルさん

Cafe 3密対応
来店前にお店にご確認ください

金曜夜
カフェ休業

推奨

1.窓の外には、宿場町の風情を残す中仙道が見える 2.大豆たんぱく質「ソイミート」を使ったランチ（1300円）。メインのから揚げは、お肉そのもの！ サラダやデリ4種・スープなど、動物性食品を使わないベジランチ 3.乳製品や卵、白砂糖を使わず作った「小豆入りブラウニー」（350円）とマイティーリーフの「カモミールシトラス」（500円）。一緒に注文で50円引きに 4.オーナーお気に入り沖縄の「やちむん」のカップたち 5.窓辺に置かれた小物もかわいい

おすすめメニュー

＊すべて税込価格

Food ランチ（スープ・デリ4種・玄米ごはん）／A週替わり1300円、Bソイミートメニュー1300円　金曜夜カフェ／ベジタコライス1000円、おまかせプレート(おかず5品)1300円など土曜予約メニュー／おまかせベジコース2800円

Sweet 小豆入りブラウニー350円、季節のタルト450円など

Drink オーガニッククラシックブレンド400円、スローコーヒー（カフェインレス）500円、オーガニックアールグレイ500円、自家製ジンジャーシロップ500円、自然派ワイン（赤・白 グラス）500円など

Memo ＊スイーツとドリンク注文で50円引きに。＊テイクアウトのランチボックス（2日前予約・1000円～）の予約販売もあり。＊土曜のベジコースの予約は木曜までに。

Shop Data

TEL.080-7033-1957　蕨市北町2-9-22

営 11:00～17:00　金曜11:30～17:00(ランチ～14:30)　土曜11:30～17:00(ランチ～14:30 17:00～ベジコース予約のみ)
休 日・月曜・祝日(祝日は不定休)
席 10席（カウンター席4、テーブル席6）
交 JR東北本線・京浜東北線「蕨駅」西口から徒歩18分「蕨駅」西口からバス市役所経由「戸田車庫」行き乗車、「蕨市役所」下車徒歩3分または「ぷらっとわらび・西ルート」乗車、「 三学院下車」下車徒歩2分
P 無（近隣コインパーキングあり）
URL http://www.terucafe.com/

【お店からのお願い】2020年11月末に移転の可能性がありますので、移転先等はHPでご確認ください。

LUNCH　SWEET　ZAKKA　BOOK　EVENT　PET　CARD　PAY

開け放たれた窓から、風が吹き抜ける明るく気持ちの良い店内。前の公園で遊ぶ子どもの声や飾られた小さな花々に癒やされ、やさしい気持ちになる

mameshiba coffee

マメシバ コーヒー

「mameshiba coffee」のコーヒーを飲みながら、窓越しに感じる四季の移ろいに心癒されるカフェ

以前、市役所通り沿いの小学校対面にあったが、建物の取り壊しに伴い、東町公園北にある建物の2階に移転した「mameshiba coffee」。埼玉カフェの草分けの一軒である「shibaken」の姉妹店だ。

急な階段を登ると、以前の店舗にあった踏みミシンがお出迎え。お日さまの光が差し込む明るい店内は、スタッフで内装を仕上げ、古道具をリメイク、家具を手づくりした。

店内に足を踏み入れると、窓からの日差しが店全体を包み込むように訪れた人を出迎えてくれる。窓に向けて配置された席も、ゆっくりコーヒーを楽しみたい人にはうれしい。ランチのあと店長の馬場さんが淹れるコーヒーでまったり。カフェ好きの間で定番コースになりそうだ。

from cafe

週2回、姉妹店のお花屋さん「野の花」で季節の花を選んで店内に飾っています。公園の景色と店内の花々から、美しい季節の移り変わりを楽しんでいただければ嬉しいです

●店長　馬場祐樹さん

Cafe 3密対応
来店前にお店にご確認ください

2

1

5

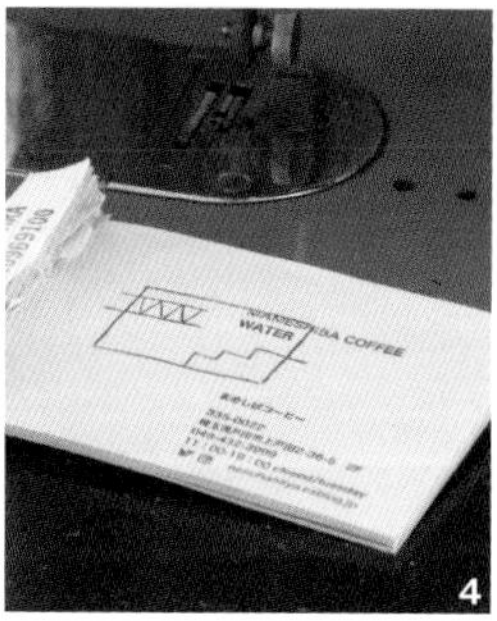

4

3

1.「まめしばブレンド」(450円)とかき氷が始まるまで販売する手づくり「マフィン」(2～3種・250円～)9～5月中旬まで販売 2.窓からは隣の公園が見え、春から夏は涼やかな風は吹く 3.以前の店舗から引っ越してきたミシンと豆しばのオブジェがお出迎え 4.スタンプしただけのshop cardもオシャレ 5.「珈琲屋の珈琲ゼリー」(夏期のみ・500円)にアイスをのせて。店長オリジナルの「スパークリング珈琲」(500円)は、特製珈琲シロップ＋アイス珈琲＋レモン炭酸でハマル味!

おすすめメニュー

＊すべて税込価格

Drink まめしばブレンド(中煎り)450円、アイスコーヒー(極深煎り)500円、黒糖みるく珈琲450円など

Sweet 珈琲屋の珈琲ゼリー(夏期のみ)500円、シバケンの焼き菓子各380円など

Memo ＊ブレンド以外のコーヒーは、＋50円でカフェインレスに。＊珈琲ゼリーは、＋100円でアイスクリームのせに。＊コーヒー豆は、2種類(100g 500円～)販売あり。

Shop Data

TEL.048-432-3999 戸田市上戸田2-36-5

営 12:00～19:00
休 火曜(不定休あり) ＊URLで確認
席 10席(カウンター席2、テーブル席8)／入口のたたきスペースのみペット可
交 JR埼京線「戸田公園駅」から徒歩10分
P 無(コインパーキングあり)
URL http://nonohanaya.exblog.jp/

白と木が基調の店内は、窓が多く開放的。青空が見えるカウンター席では、お一人様でもゆったりと過ごせる

FRANKCOFFEE and WORKSHOP

フランクコーヒー アンド ワークショップ

〝自分スタイル〟のカフェタイムが楽しめる絶景ロケーションの洒落たカフェ

車で南浦和越谷線を越谷方面に向かって走ると、小高い丘の崖上に洒落たテラスのあるフラットな建物が見える。元は工務店の打ち合わせ用ゲストハウスだったが、カフェと勘違いした「お茶飲めますか」の声に押され、２０１９年１月にカフェとしてオープンした。

このカフェでユニークなのがランチ・スタイル。厳選した「本格ハンバーガー」「天然酵母パン」「カジュアル・イタリアン」「アジアン料理」「チキンオーバーライス」などのお店が日替わりで2〜4種類のランチを提供する。まず注文と会計を済ませ、好きな席で景色を眺めながらこだわりのハンドドリップコーヒーや自家製スイーツを待つ。絶景ロケーションのこのカフェでは、開放的な気分で〝自分スタイル〟のカフェタイムを満喫できそうだ。

from cafe

2020年のGWごろにキッチンカーを導入してカフェのオリジナル・ランチがスタート予定。四季を身近に感じられる自然豊かな場所で、ちょっとした小旅行気分を味わってみてください!

●オーナー　高津久嗣さん

Cafe 3密対応
来店前にお店にご確認ください

TAKE OUT

1.HUGHOMEの事務所の前を通って、カフェの入り口へ。開け離れた扉からテラス席が見え、開放的な雰囲気とこれから出合う景色にワクワクする

2.人気のテラス席からは晴れた日には富士山、春は桜、夏は花火が見られるとか。もう一つあるテラス席は、ハンモックやシュロやバナナの木があって南国リゾート気分が味わえる

3.この日はカジュアル・イタリアン「Chef koura」のランチ。パルミジャーノチーズをパン粉に混ぜて香ばしくカリッと揚げた「栃木豚ロースのコトレッタ 特製トマトソースがけ」(1100円)と「サーモンとアボカドとトマトのキッシュ」(450円)。ドリンクは無農薬国産レモンが爽やかな「自家製レモネード」(600円) 4.いちごのパンナコッタにたっぷりホイップクリームをのせた「フラミンゴベリー」(400円)とエチオピア産モカシダモとブラジルショコラの「オリジナルブレンドコーヒーLIGHT」(中煎り・500円)

おすすめメニュー

＊すべて税込価格

Food ランチ1000円～ ＊ランチの内容はインスタで確認

Drink ブレンドコーヒー500円、アイスブレンドコーヒー550円、カフェラテ600円、チャイティーラテ500円、紅茶600円、自家製生酵素ジュース550円、ハニージンジャー(ウォーター)650円など

Sweet フェイヴァリットプリン400円、フラミンゴベリー400円、自家製コーヒーゼリー380円、アフォガード450円、サンフランシスコミントチョコ(チョコレートソース)380円など

Memo ＊コーヒー、カフェラテは２杯目100円引きに。＊コーヒー豆の販売あり(210g1500円～税別)。＊コーヒーゼリーは＋30円でホイップクリーム付に。

Shop Data

TEL.048-242-3339 川口市木曽呂 976

営 11:00~17:00 (モーニング9:00~11:00 開催日はインスタ確認)
休 不定休 ＊インスタで確認
席 54席(テーブル席6 カウンター席6 テラス席42)/テラス席のみペット可
交 JR武蔵野線「東浦和駅」から徒歩20分、または国際興業バス「木曽呂」下車徒歩5分
P 13台
URL https://ja-jp.facebook.com/FRANK-COFFEE-and-WORK-SHOP-1859148994150095/
https://www.instagram.com/frankcoffee_and_workshop/

LUNCH SWEET ZAKKA BOOK EVENT PET CARD PAY

1.縁側に座って、のんびり庭を眺めるのもいい 2.2018年11月に国の有形文化財に登録された建物は、まさしく威風堂々の佇まいだ。歴史を見守ってきた樹齢 100年を越えるドングリ、ユズリハなど古木たちが四季の移り変わりをも静かに教えてくれる

【ご注意】こちらはカフェの入口ではありませんので、左側の駐車場からお入りください

紡ぎの家 大島 cafe BLANCO

つむぎのいえ おおしま カフェ ブランコ

自然豊かな1000坪の敷地に佇む、江戸末期に建てられた国登録有形文化財の古民家カフェ

伊奈町で600年続く大島家、先祖代々守ってきた約200年の建物を「自分たちの代で朽ちさせたくない」と19、20代に当たる母娘が一念発起、古民家カフェとして生まれ変わらせた。

大きな柱、太い梁、光沢を抑えた木材を使った床、重厚な雰囲気が漂う店内でいただくランチは、1000坪の敷地内にある畑で育てられた新鮮な野菜を使った料理がメイン。スイーツも庭で収穫された果物が使われることがあるという。

週末ともなれば、たくさんの人が食事をし、散策を楽しむ。駐車場から建物の裏庭を見上げれば、樹齢100年以上は経ているであろう古木たちが青空に向かって大きく枝を伸ばしていた。蘇った江戸時代の古民家で、ゆったりとした時間を過ごしてみてはいかがだろうか。

from cafe

カフェは、地元のコミュニティの場。座敷はレンタルスペースとして、ギャラリー、イベントやワークショップなど様々開催しております。ご利用も、ご参加もお気軽にお申し込みくださいね

●店長 広岡友里さん

Cafe 3密対応
来店前にお店にご確認ください

5

3

6

4

3.「抹茶のモンブラン」と「紅茶（ポット）」のケーキセット（850円） 4.カウンター奥には、今はほとんど見ることがない、昔使っていた臼がオブジェとして飾られている 5.古民家の風情を残す店内。末永く保存するために、夏は窓を開けて自然の風を通し、冬は薪ストーブを使用する 6.たっぷりの週替わりスープ、6種の野菜の新鮮サラダ、マリネなどの小鉢が付いた「気まぐれスープランチ」＋セットドリンク（1150円）

おすすめメニュー

＊すべて税込価格

Food 気まぐれスープランチ（パン・小鉢・サラダ付）750円、週替わりパスタ（サラダ付）750円、豚しゃぶと豆腐のサラダうどん（小鉢付）750円、ボロネーゼ風うどん（サラダ付）750円など

Sweet ケーキ500円、アイス（バニラ・抹茶）各300円、コーヒーゼリー300円

Drink 有機栽培コーヒー450円、紅茶（ポット）450円、ゆず茶450円、アイス抹茶ラテ550円など

Memo ＊食事は、セットドリンクとセットデザート注文で1450円、セットドリンク注文で1150円に。＊スイーツは、セットケーキとセットドリンクと注文で850円に。＊食事・ケーキともに＋100円でセットドリンク以外も注文可。＊セットドリンクは、2杯目以降200円に。

Shop Data

TEL.048-796-0445　北足立郡伊奈町小室11064（ナビ／電話番号ではなく、住所を入力）

営 10:00～18:00
休 木・金・土曜
席 34席（カウンター6席、テーブル席28）
交 埼玉新都市交通ニューシャトル「伊奈中央駅」から徒歩17分
P 10台
URL https://tumuginoie-ooshima.jimdofree.com

日本家屋の戸建をセンスよくリノベーションした店内。カウンター席や縁側席、奥には雑貨コーナーもあって、いろんな表情が楽しめる

cafe 2345

カフェ　ニイサンヨンゴ

靴を脱いでお気に入りの席の座って
ゆったりした時間を過ごせるカフェ

築30年以上の日本家屋をリノベーションした「cafe2345」。今や三郷のカフェ好きでこの店の名前を知らない人はいないのでは…というほどの人気店だ。目印は、ペパーミントグリーンの外壁。独特の色使いは、店内にも反映され、赤橙や黄浅黄色などの鮮やかな色が建物の風格とマッチしてハイセンスな空間を演出している。

ここでいただくのは、塩麹、しょう油麹などの発酵食品やたっぷりの新鮮野菜を使った食事、旬の果物を使ったこだわりの自家製スイーツ。エキゾチックで独創的な店内はインスタ映え◎。お気に入りの場所を撮影してインスタに投稿すると、なんと「インスタ割(50円引き)」がゲットできる。空間も雑貨も含め、遊びココロが散りばめられたカフェだ。

from cafe

これは「cafe2345」のもう一つのロゴマーク。店内のどこかに2つ隠れています。店内を散策して、このマークを探してみてくださいね

Cafe 3密対応
来店前にお店にご確認ください

1.ランチは、豚肉と干ししいたけを味噌で煮込んだ「cafe2345丼」(1000円) 2.縁側は「赤橙」、床の間、押し入れだった場所には「黄浅黄」など、日本家屋と日本の色彩に近い色のコラボが楽しい 3.りんごとラムレーズンのキャラメリーゼと生クリームを添えた「生ガトーショコラ」(500円)に「2345オリジナルブレンドコーヒー」(500円)。セットで50円引きに 4.古民家の雰囲気にペパーミントグリーンのテラスが絶妙にマッチ!

おすすめメニュー

＊すべて税込価格

Food ランチ(スープ付)/プレート1000円、丼1000円

Sweet 本日のケーキ500円、季節のケーキ450円

Drink 2345オリジナルブレンドコーヒー500円、カフェオレ600円など

Memo ＊ランチは、＋250円でプチデザート付に。＊＋200円でランチドリンク(コーヒー、紅茶、アップルジュース、グレ ープフルーツジュース)付に。＊2杯目以降のおかわりドリンクは＋200円。＊ケーキとドリンクを一緒に注文すると50円引きに。＊アレルギーの方は、注文時にお声がけを。

雑貨スペースには、手作り作家さんたちのアクセサリーや石けんを販売

Shop Data

TEL.048-957-2345 三郷市早稲田4-14-7

営 11:00~17:00(ランチ~14:00)
日曜・祝日~16:30
休 月曜
席 22席(カウンター席3、テーブル席10、ソファー席5、テラス席4)
交 JR武蔵野線「三郷駅」北口から徒歩12分、またはバス・マイスカ交通「早稲田2丁目」下車・徒歩5分
P 2台
URL http://cafe2345.com/

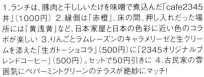

真っ白な漆喰壁と黒々とした瓦屋根が凛々しい蔵の中は、その風情を残しつつ、あたたかな雰囲気を醸し出している

蔵カフェ中屋

くらかふぇ なかや

手づくりにこだわった洋食とスイーツを和モダンな蔵カフェでいただく

明治初め頃から藍染めの染料などを保管していた蔵をリノベーションし、2016年にカフェとしてオープンした「蔵カフェ 中屋」。

150年の蔵の歴史を損なわないよう、梁や柱をそのままにいかした店内。1階は蔵の扉をリメイクした大テーブルが置かれ、2階が臨める開放的な吹き抜けが印象的な空間。2階は、時を経て存在感を増した梁をいかした落ち着いた空間になっている。カフェを営むのは3姉妹。料理は三女・須田さんと銀座の老舗洋食店で腕をふるった鈴木さんが担当。「須田家の母の味を大事にしつつ、プロが作る正統派の洋食を楽しんでいただきたいです」(須田さん)。また、夜のコース、アラカルトがさらに充実し、夜昼ともにおいしい料理が堪能できる。

from cafe

蔵カフェは、地域の方々が集まる場を目標にしています。落語や演奏会、ミニコンサートなどの「コミュニティーイベント」をこれからも企画していきますので、ぜひお越しください(大橋さん)

●オーナー 大橋和代さん(右)と料理担当 須田明子さん(左)

Cafe 3密対応
来店前にお店にご確認ください

夜のみ
完全予約制

TAKE OUT

2

3

4

1

1.1階には、明治から営んできた藍染料の商いを今に伝える藍染めの布を張った藍色の壁がある　2.シェフこだわりのこの日のランチは、じっくり煮込んだデミグラスソースのかかった「ハンバーグ」(1100円)。+80円でチーズのトッピングもOK　3.生クリームに旬の果物、自家製オレンジピールや金柑の蜜漬けが添えられた「チョコレートケーキ」(550円)は、ビターチョコレートの濃厚な味わい　4.「中」に「傘」の当時の屋号は、カフェのシンボルに

おすすめメニュー

＊すべて税込価格

Food ランチ（スープ付）／シェフ特製日替わりランチ各1100円～　火～土曜ディナー/コース3300円～、アラカルト550円～

Sweet チョコレートケーキ550円、ベイクドチーズケーキ550円、ホットワッフル440円～

Drink ブレンドコーヒー440円、カフェ・オ・レ550円、エスプレッソ（シングル）440円、紅茶440円、ロイヤルミルクティー550円

Memo ＊ランチは、＋220円でコーヒーか紅茶付、＋440円でグラスワイン付、＋660円でビール（中ビン）付に。その他のドリンク類は110円引きに。＊ランチは、＋330円でプチデザート付に。＊スイーツとドリンクを一緒に注文すると110円引きに。

Shop Data

TEL.048-928-3266　草加市住吉1-1-1

営 11:00～22:00(LO21:30)
日曜のみ～18:00(LO17:30)
休 月曜
席 40席（テーブル席・1階20、2階20）／分煙（外の縁台のみ）
交 東武スカイツリーライン「草加駅」東口から徒歩5分
P 提携時間貸駐車場あり
URL http://kuracafe.com/

家具や食器は、漆を塗って吹き上げ、美しい木目を際立たせる「拭き漆」で作られたもの。敷居の高い漆の店だが、ここでは気負いなく本物と触れ合える

NUSHISAの台所

ヌシサのだいどころ

体が喜ぶ彩り豊かな家庭料理を
漆の器で「つかう・たべる・あじわう」

木目が美しい漆の器やカトラリーで食事のできるカフェがある。漆塗りの伝統を伝えながら、スタイリッシュな器や生活雑貨、家具を作り出す「かぐとぬりNushisa」が営む「NUSHISAの台所」だ。木や漆を使った器は、口当たりがよく、薄くて軽く、触り心地がいい。「使わなければわからない。だから、使ってもらえる場を作りました」とデザイナー兼工芸家であり、オーナーの竹俣さんはいう。

その器でいただく料理は、有機野菜を中心にした彩り豊かな家庭料理。カフェを任されている宇田さんは「一汁三菜で四季の味をバランスよく、楽しく食べてもらいたい」とさりげなく古き良き日本の食文化も器に盛り込む。このカフェでは、本物のよさを「つかう・たべる・あじわう」ことで確かめられる。

from cafe

漆は器だけではなく、たとえば口当たりのよさを知って欲しくて作った「漆アイススプーン」（495円・写真1の左上）。使い捨てだったものが、何度も使えるものになりました

●オーナー 竹俣圭清さん、宇田久美さん

Cafe 3密対応
来店前にお店にご確認ください

1.食にまつわるNUSHISAの道具たち。子ども用カトラリー「CO・ZEN（こぜん）」（手前）は、Good Design Award受賞 2.漆の器でいただく週替わりの「NUSHISAの木皿」（1210円）にデザートとドリンクをつけて 3.人気の自家製レモンビネガーの「レモンケーキ」（495円）と自家製果実シロップの「季節のジュース」（550円）。セットで注文すると945円に 4.漆の器をゆっくり手に取り、触って見ることのできる嬉しい場所

おすすめメニュー

＊すべて税込価格

Food NUSHISAの木皿（週替わり限定10食　副菜3種・ご飯・汁物・ドリンク付）1210円、NUSHISAのお椀（小鉢・汁物付）1210円、豆とひじきのドライカレー（サラダ・汁物・ドリンク付）1210円、子どもの木皿（副菜・おにぎり2個）550円など

Sweet 本日のデザート495円

Drink NUSHISA珈琲495円、煎茶「京都小米茶園」440円、季節のジュース550円、青森の100％りんごジュース440円など

Memo ＊すべての食事は＋440円でデザート付に。＊デザートとドリンクセットの注文は、100円引きに。＊2杯目以降のドリンクは、200円に。

Shop Data

TEL.048-982-4919　吉川市吉川1-3-11

営 11:00〜15:00　土曜〜17:00（ランチ〜14:00）
休 月・火・日曜
席 22席（テーブル席18、小上がり4）
交 JR武蔵野線「吉川駅」北口から徒歩15分、またはJR武蔵野線「吉川駅」北口からバス「きよみ野」「越谷駅」「エローラ行」乗車、「野尻」下車徒歩2分
P 5台
HP http://nushisa.com/
http://cnushisa.exblog.jp/

大きな窓からゆるりと暖かな陽射しが差し込む木目基調の店内。どこに座っても気分がゆったりするから不思議

カフェ ミカン《かふぇ みかん》

昔ながらの発酵食品、やさしい味つけのごはん、たおやかな店主の笑顔に、心が和らぐカフェ

吉川小学校の正門から路地を1本入った住宅街に、一戸建てをリノベーションした食と文化の拠点「シモガワハウス」がある。2019年にその1階に移転したのが「カフェミカン」。「手作りが好き、発酵食品も好き！」、モットーは「素敵なおばあちゃんになること」という店主のミカンさん。

彼女が作るカフェごはんは、手作り味噌や酢漬けや梅干し、ぬか漬けなどで作る家庭的な料理。どのメニューでも発酵食品の自然で素朴なおいしさを味わうことができる。食材は地元農家の咲ちゃんファームや地元産のお米や野菜が中心、時々淡白で美味な吉川名物ナマズ料理も登場する。

子育て中のママやパパ、近所のおじいちゃんやおばあちゃん…誰が訪れても自然と穏やかな笑顔が溢れる、このカフェにはそんな魅力がある。

from cafe

食と文化の拠点「シモガワハウス」は、1・2階に防音完備のシェアスペースでワークショップやコンサートに利用できます。カフェスペースもシェアしたり、別の出店者さんになることもあるおもしろい場所です

●ミカンさんこと　店主もみやまさん

Cafe 3密対応
来店前にお店にご確認ください

予約優先
1組2名／1日2~3組

TAKE OUT
不定期
販売

2

1

5

4

3

1.窓辺にはあるカウンター席の左右には、本や吉川の風景のポストカード、昭和レトロな雑貨などがあって、思わず手に取ってしまう 2.週替わりごはんは、お肉とお魚が週替わり。この日のメインは子どもも食べやすいようにと「鮭の春巻き味噌マヨソース」。ごはんと味噌汁、サラダ、3種類の小鉢など、地元産が野菜たっぷり！ バランスよいランチに使われている自家製ザワークラフトや醤油麹などの発酵食品はどれも美味！ 3.カフェミカンで活躍している自家製の発酵食品たち。左から、塩レモン、塩小梅、紫キャベツのザワークラフト。他にも、味噌や糠漬け、醤油麹や麦麹、野菜の酢漬け、果実のシロップ漬けなど…たくさん! 4.古い物好き、昭和レトロも好きなミカンさんのために友人が作ったポスターやカード、それと愛染のプチのれんが“可愛い渋さ!”を醸し出す 5.埼玉産の小麦粉「サトノソラ」、和歌山産の無農薬レモンで作った「レモンカードのタルト」（350円）は酸味と甘さのバランスが絶妙。インドのオーガニックアッサム紅茶で淹れた「チャイ」（550円）はスパイスの香りに魅了される一杯

おすすめメニュー

＊すべて税込価格

Food 週替わりごはん1100円、本日のカレー990円～　お子様用/単品ごはん220円、単品お味噌汁220円、おかずハーフ330円など

Drink 本日のシフォンケーキ330円、本日のタルト385円、本日のマフィン275円、本日のスコーン220円など

Sweet コーヒー440円、紅茶440円、緑茶440円、チャイ550円、季節のシロップ550円など

Memo ＊食事、デザートを注文の場合はコーヒー、紅茶、緑茶、ねぶたジュースなど一部ドリンクが220円引きに。＊ランチ、ドリンクと一緒に注文の場合、クリームとフルーツをトッピング。

Shop Data

TEL.080-6252-4994　吉川市平沼88-3　シモガシハウス1F

営 11:30～16:00
休 土～火曜（臨時休業あり）＊インスタで確認
席 13席（テーブル席10　カウンター席3）
交 JR武蔵野線「吉川駅」北口から徒歩15分
P 4台
URL https://cafemican117.wixsite.com/cafe-mican
https://www.facebook.com/cafemicancafe/
https://www.instagram.com/cafe.mican/?hl=ja

LUNCH　SWEET　ZAKKA　BOOK　EVENT　PET　CARD　PAY

カウンター中心のシンプルな店内だが、シンプルさから「おいしい珈琲を味わってもらいたい」という店主の思いが伝わってくる

みずいろこーひー

みずいろこーひー

スペシャルティコーヒー専門のカフェで
店主が巡りあった最上級のコーヒーを味わう

２０１６年にオープンしたスペシャルティコーヒー専門のカフェ「みずいろこーひー」。

ご主人の経営するイタリアレストランでコーヒー担当だった木村さんが「雑味のないスッキリとした味わいのコーヒー」に出会った。それが軽井沢にある「丸山珈琲」の〝厳密な栽培管理で作られる豆を使った〝スペシャルティコーヒーだった。

ここには、ブレンドはない。個性の異なるシングルオリジンを常時４～５種類をご用意。そのときの旬のコーヒを提供するため、２週間以内に新しい豆と入れ替える。淹れ方は、濃厚で香り豊かな「エスプレッソ」、豆の良さをそのまま楽しむ「フレンチプレス」、明るくクリアな味わい「ペーパードリップ」の３種から選べる。コーヒー好きなら、一度は訪れてみたいカフェだ。

from cafe

豆の味が楽しめる中煎りがおすすめですが、好みを伺って一緒に豆や淹れ方をお選びします。ゆっくりと個性豊かなスペシャルティコーヒーの味をご堪能ください

●店主　木村雅代さん

Cafe 3密対応
来店前にお店にご確認ください

TAKE OUT

1.コーヒーに合うスイーツたち。カカオ66%生チョコ感たっぷりの「テリーヌ・ショコラ」（500円）、「チョコ」（260円）と「プレーン」（210円）のスコーンにトッピング（各50円）を添えて 2.コーヒー豆は新鮮さを損ねないため、2週間ごとに替わる。それぞれの豆の特徴は、プレートでチェック! 3.このロゴマークが目印 4.フレンチプレスで抽出した「パカマラ（中煎り）」（650円〜）。グレープフルーツ、チェリー、レモングラスの風味が楽しめる 5.小窓に向かうカウンター席は人気の席

おすすめメニュー

＊すべて税込価格

Drink エスプレッソ（ソロ）300円・（ドッピオ）400円、アメリカーノ500円、カプチーノ600円、アイスアメリカーノ600円など　フレンチプレスの本日のコーヒー650円〜、　ペーパードリップの本日のコーヒー500円〜など

Sweet スコーン210円〜、テリーヌショコラ500円など

Memo ＊スコーンのトッピングは、＋50円。＊コーヒー、スイーツは、全品テイクアウト可。＊コーヒー豆（2週間替わり深煎り・2種）は、各100g 850円〜販売。

Shop Data

TEL.048-915-6020　越谷市南越谷4丁目12−17

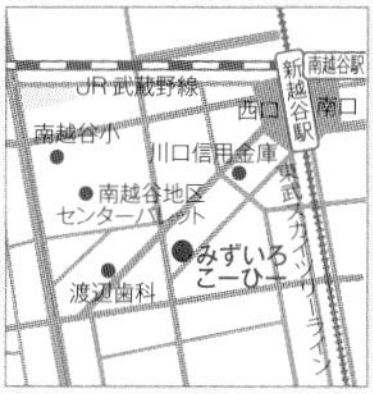

営 12:00〜18:00
休 月・火曜
席 10席（カウンター席8、テーブル席2）
交 東武スカイツリーライン「新越谷駅」西口から徒歩3分
JR武蔵野線「南越谷駅」南口から徒歩6分
P 無（コインパーキングあり）
URL https://www.instagram.com/mizuirocoffee/?hl=ja

【cafeからのお願い】店内の席数が少ないため、小さなお子様連れのお客様のご入店をご遠慮いただく場合がございます。

LUNCH　SWEET　ZAKKA　BOOK　EVENT　PET　CARD　PAY

1階はカウンター席とキッチン、2階はこじんまりとしたカフェ&展示スペース。木のぬくもりに包まれた店内の窓からは竹林が見える

muni

ムニ

ここでしか味わえない居心地の良さが魅力 大きな古木が見守る、隠れ里のカフェ

大宮栗橋線関山の交差点を入り、のどかな農園風景が広がる一体に出たあと、造り酒屋の森のそばに「muni」を発見！ 農家の敷地の一角、大きな木に抱かれるように立っている築90年の農家の納屋をリノベーションしたカフェ。「古さを上手に活かした感じにしてもらった」と店主の関口さん。梁などは残しつつも、土壁は塗り直し、階段は緩やかにした。屋根裏部屋のような2階は、展示作品が1、2ヶ月ごとに変わるギャラリーとカフェスペース。作品を鑑賞しながら、ゆっくりとティータイムを楽しめる。

奥まった場所でわかりにくいけれど、あきらめずに探してみて欲しい。街の中なのに、森の中の隠れ里に迷い込んだような、時間が止まったステキな感覚が味わえるカフェがそこにある。

from cafe

ギャラリーに展示中の作品はご購入いただけます。作家さんと直接お話しできる機会もあるので、気になる作品があればお声がけくださいね

●店主　関口亜美さん

Cafe 3密対応
来店前にお店にご確認ください

推奨
1組3名×2組

TAKE OUT ドリンクのみ

2

1

4

3

1.大きな古木の下、赤いドラム缶が目印の小さな納屋が「muni」。雑木林に隠れるように佇んでいる様は、おとぎ話の一場面を見ているよう 2.2階の小さな窓から、古木の枝を揺らす風の音が聞こえてくる 3.バスで訪れたら、ワンダーワールドへの入口のような緑のトンネルを通ってカフェへ向かう 4.4種類の豆をブレンドしたオリジナルブレンドコーヒー(350円)とチーズケーキ(450円)

おすすめメニュー

＊すべて税込価格

Sweet 季節のパウンドケーキ450円、チーズケーキ450円、コーヒーゼリーのミニパフェ450円など

Drink オリジナルブレンドコーヒー350円、蓮田の蜂蜜のハニーカフェオレ500円、有機狭山の紅茶400円、黒豆茶(ノンカフェイン)350円、はま茶(ノンカフェイン)300円、メロンクリームソーダ450円など

Shop Data

TEL.非公開 蓮田市閏戸1808

営 13:00~18:00(冬期~17:00)
休 月~金曜
席 13席(1階/カウンター席3、2階/テーブル席8テラス席2)/テラス席のみペット可
交 JR宇都宮線「蓮田駅」西口から「伊奈学園」「菖蒲車庫行」乗車、「吹上」下車徒歩5分
P 2台
URL http://muni2015.exblog.jp/
https://facebook.com/muni.lts ＊近日開設

南仏の小さなオーベルジュを思わせるおしゃれな店内。オーナー夫妻お手製のテーブルは、間隔をあけて配置されていてゆったりランチを楽しめる

cafe loup AZ

カフェ ル アズ

本格的なイタリアンと上品な味わいのスイーツが楽しめる、南仏風一軒家カフェ

蓮田駅から5分ほど、住宅街の一角におばあさんが住んでいた築50年の家をリノベーションした鮮やかなサーモンオレンジの外観とパステルグリーンの鎧戸があるカフェが現れる。「外観は二人で行ったフランスのムスティエ・サント・マリーをイメージしたもの」とオーナーシェフの薊《あざみ》さん。

パティシエであり、イタリアンのシェフでもある薊さんが本格的なイタリアンを、パティシエの奥様・恵理子さんがフォトジェニックで上品な味わいのスイーツを担当。本格的なデザートと食事が気軽に楽しめるアットホームなカフェとして、2019年5月のオープン以来〝腹ペコ狼くん〟が昼夜を問わず訪れる。

百聞は一見に如かず！ オーナー夫妻の飾らない人柄と美味しいもの目当てに出かけてみよう！

from cafe

床のモルタルを乾かしているときに、"腹ペコ狼くん"のお友だちの"腹ペコ猫くん"が訪ねて来ました。そのときの猫くんの足跡がエントランスからレジあたりに残っています。探してみてね！

●オーナー 薊(あさみ)慎一郎さんと恵理子さん

Cafe 3密対応
来店前にお店にご確認ください

ランチ完全予約2部制
夜休業

TAKE OUT

1.ベルギーチョコ、抹茶アイス、小豆のぜんざい、黒糖のジュレ、白玉を閉じ込めた「イチゴと抹茶アイスの和パフェ」(850円)は、食べることに違った味や食感が楽しめる一品。ルイボスティブレンド「ソレイユ」(ポット・700円)は苦味のない爽やかな後味でスイーツによく合う　2.ラザニアセット(1500円)は、前菜が「ビーツのスープ、サーモンとサワークリームのムース、フリタータ」、メインは「自家製ラザニア」とたっぷりサラダ、パン、デザートとランチドリンクまでとボリューミー。ランチでも一品ずつ運ばれてくるのに感激!

3.ロゴマークの狼くんは、フランスのことわざ「狼の腹減らし」を表し、「おなかをすかせて来てね」というオーナー夫妻のメッセージ　4.入り口にはおばあさんの足踏みミシン台とおじいさんの古い一眼レフカメラ、店内には恵理子さんが集めたアンティークなどの小物たちがあちらこちらに飾られてアットホームな雰囲気を醸し出す　5.メインダイニングのテーブルは、おばあさんが使っていた桐ダンスをリメイクしたもの

おすすめメニュー

＊すべて税別価格

Food ランチセット(前菜3種・パン・デザート・ドリンク付)/パスタセット1500円〜、ラザニアセット(8食限定)1500円〜、キッシュセット(4食限定)1300円〜など　ディナー/本日のキッシュ400円、シェフの気まぐれサラダ温玉添え700円、本日のラザニア1100円など

Sweet 季節のケーキ380円〜、季節のデセール700円〜

Drink アメリカーノ(AZオリジナルブレンド)500円、カフェラテ600円、芦屋Uf-fuの紅茶(ポット)700円、ソレイユ(ルイボスティブレンド)700円、オーガニックワイン(グラス)600円〜など

Memo ランチ、パスタのみ単品注文可。＊ランチは＋100円でパンお代わり可。＊貸切コース(4000円・グラスワイン1杯＋ソフトドリンク飲み放題)用予約もあり。

Shop Data

TEL.048-708-3026　蓮田市末広1-4-15

営 月・木〜日曜11:30〜17:00(ランチ〜14:30)　火曜11:30〜14:30　金・土・日曜のみ18:00〜21:00
休 水曜
席 28席(テーブル席26席、テラス席2)／ペット、喫煙(携帯灰皿持参)テラス席のみ可
交 JR宇都宮線「蓮田駅」西口から徒歩5分
P 3台(臨時駐車場あり、近隣にコインパーキングあり)
URL http://cafeloupaz.com
https://www.facebook.com/Càfe-loup-Az-2291092774513390/
https://www.instagram.com/cafe_loup_az/

バリアフリー仕様の店内は、車いすでも気軽に利用できる。年齢を問わずおいしい料理を目当てにたくさんの人が訪れる

bulouton

ブルトン

そば粉のガレットが人気！
笑顔の溢れる居心地のいいカフェ

「だれでもが気遣いなく出かけられるカフェに」と2016年にオープンした「bulouton」。

このカフェで人気なのは、長野・八ヶ岳産そば粉100%を使ったそばの風味が香るモッチリ食感の「そば粉ガレット」と、外はサック、中はモッチリしたスキレットで出されるパンケーキ「ダッチベイビー」。見た目がボリューミーな「ダッチベイビー」だが、若い女性がガレットと一緒に完食するほど軽やかだ。オーガニックの野菜をたっぷり使ったデリなどの野菜料理は「野菜嫌いを克服した人もいる」というほど美味。

また、「甘味ツアー」と銘打って訪れるお年寄りたちや赤ちゃんを連れたママたち、食事とドッグランを楽しみに訪れるペット連れなど、このカフェにはたくさんの笑顔が溢れている。

from cafe

4ヵ月に1回のライブ、月1回のワークショップ、バーベキューやハロウィンなど、皆さんが集まれるイベントを企画しています。ワンちゃんOKのイベントも。気軽に参加してください

●相沢江理子さんと娘・千尋さん

Cafe 3密対応
来店前にお店にご確認ください

TAKE OUT

1.注文が入ってから厚めに切ったリンゴを煮、生地と一緒にスキレットごとオーブンで焼いた「焼きリンゴのダッチベイビー」(750円)と化学肥料を使わず育てた「カモミールティ」(440円) 2.一段上がった奥のテーブル席 3.女性農園オーナーが堆肥と有機性の肥料で作る野菜やハーブ、スパイスも販売 4.ブルトンのロゴは、オーナーの愛犬「もぐ」と「むぎ」がモデル 5.一番人気の「ローストビーフと温卵のそば粉ガレット(大)」に副菜3種とプチデザート付のランチ(1150円)とランチドリンク(+280円)をセットで

おすすめメニュー

＊すべて税込価格

Food ランチ(小鉢・スープ・プチデザート付)/日替わりお惣菜プレート1100円～、そば粉ガレットランチ(25㎝)1050円～など

Sweet ダッチベイビー630円～など

Drink コーヒー380円、紅茶380円、手づくりレモネード480円、ハーブティ440円、ざくろソーダ440円など

Memo ＊ランチ、スイーツ(ダッチベイビー以外)は、+280円でドリンクセットに。＊ダッチベイビーは、+50円、+100円でトッピング可。

Shop Data

TEL.0480-77-3184　幸手市上吉羽763-5

営 11:00～17:00
休 月曜(不定休有り) ＊URLで確認
席 23席(カウンター席9、テーブル席14)/分煙(喫煙場所のみ)、ドッグラン完備(条件あり)
交 東武日光線「幸手駅」からタクシーで約10分
P 10台
URL http://ameblo.jp/bulouton/
https://m.facebook.com/bulouton/

食堂カフェ Laugh

しょくどうかふぇ ラフ

大沼が一望できるテラス席で水辺を眺めながらランチを楽しむ

埼玉には海がない。が、加須で水辺のすてきなカフェ「食堂カフェ Laugh」を見つけた。

フレンチをベースにしたオーナーの料理は、健啖家も唸らせるほどの腕前。また、お母様の和枝さんが作るやさしい味のお総菜にはオープン以来多くのファンがいる。ランチは、メイン3種類から一品、「本日の総菜」5種類の中から2品または3品を選んで食べるスタイル。しかも、平日は一緒にケーキを注文するとランチドリンク以外に1ドリンク無料というから嬉しい。

水辺を眺めながらランチを堪能すれば、長居してしまうこと必須だ。ウッドデッキでテキパキと働くスタッフの姿を、水面に反射した光が照らし出す。埼玉とは思えない水辺の光景がこのカフェにはある。

from cafe

前々から母の念願だった、デリの販売。近々店の前に「デリショップ」がオープンする予定です。Laughでお出ししているデリをご自宅でお楽しみください（オープン情報はURL参照）

●林 弓貴さん（左）、吉田和枝さん（右）

Cafe 3密対応
来店前にお店にご確認ください

ランチ平日のみ
週末ランチ、ディナー営業

予約
優先

お弁当、デリカ、スイーツは
18時まで販売

6

5

1.天使の口どけ「チーズタルト」（550円）に母・和枝さんの手づくり「自家製果実ジュース」を＋50円でソーダ割に（右から黒糖ジンジャーエール600円、大人のレモンソーダ650円、プラムソーダ650円） 2・3.店の裏には沼池があり、海のない埼玉にあって水辺の風景が楽しめる 4.メインと副菜をチョイスする＜プリフィックス・スタイル＞のランチは、選ぶ楽しさがあって嬉しい。メインは「ローストポーク-サラダ仕立て-」、惣菜3品とざくろ酢ジュースをチョイス（1500円） 5・6.天気のよい休日は、水辺のテラス席が人気。春から夏の夕暮れは水辺から吹く風が気持ちよく、秋から冬のうららかな昼間には陽を受けて静かに輝く湖面の美しさに心癒やされる

おすすめメニュー

＊すべて税込価格

Food ランチ（スープ・パスタはバケット、ランチドリンク付）／本日のメイン（4種から１チョイス）＋本日の惣菜（6種から２チョイス）1350円、本日のメイン（4種から１チョイス）＋本日の惣菜（6種から3チョイス）1500円

Sweet チーズタルト550円、ガトーショコラ550円、アールグレーのクリームブリュレ450円、豆乳プリン300円など

Drink 自家製ジュース500円〜、グラスワイン（赤・白）各550円など

Memo ＊ランチドリンク２杯目以降は＋100円。＊平日はランチ＋スイーツ注文でランチドリンク１杯無料に。＊スイーツの一部、テイクアウト可。

Shop Data

TEL.0480-53-5765 加須市北小浜816-1

営 11:30〜16:00（ランチ〜14:00） 18:00〜22:00
休 水曜（火曜ランチのみ）
席 48席（テーブル席32、ソファー席4、テラス席12）／分煙（テラス席のみ） テラス席のみペット可
交 東武伊勢崎線（東武スカイツリーライン）「加須駅」北口からタクシー10分
P 14台
URL https://www.facebook.com/cafe.laugh/

LUNCH SWEET ZAKKA BOOK EVENT PET CARD PAY

1.カフェがあるのは、かつて江戸時代中期～後期に建てられたといわれる母屋の一部。テーブル席と座敷席があり、座敷席には染色作家の母・滝澤布沙さんの古代蓮をテーマにした作品が所どころに飾られ、目を楽しませてくれる 2.人気の「古代米カレー（ココナッツ）」とドリンクのセット（1280円）。ほうれん草とパセリの自家製パンや自家製ピクルス、新鮮野菜のサラダ付 3.カフェに続く母屋の入り口

cafe gallery 高澤記念館

カフェ　ギャラリー　たかざわきねんかん

江戸時代末期の歴史的建造物のカフェで、古代米カレーや自家搾り蜂蜜のスイーツを楽しむ

江戸時代中期～後期築の主屋などが、国登録有形文化財登録されている「高澤記念館」。最初にくぐる長屋門にその歴史を感じる。時代を経て息づく古木や山野草などが四季折々の風情を見せる庭の花々を楽しみに訪れる人も多い。カフェは、その庭の先にある歴史のある立派な切妻造りの母屋の一角にある。

人気メニューは、行田産古代米を使った「古代米カレー」。バター、小麦粉不使用のチキン、自家製ハーブを使ったココナッツミルクの2種類から選べる。また、地元産の果物や自家製コンポートなどを使った娘の香織さんが作るケーキは絶品！店内には、染色作家でもある母・滝澤布沙さんの藍染めや古代蓮で染めた作品もあり、しっとりとした彩りを添えている。

from cafe

高澤記念館には働き者のおとなしいミツバチたちがおります。蜂蜜や蜜蝋を分けてくれ、おいしいケーキや飲み物、手づくりの蜜蝋ワックスなどの材料を提供してくれます

●オーナー 滝澤布沙さん（左）と小林香織さん

Cafe 3密対応
来店前にお店にご確認ください

TAKE OUT

5

6

4

4. 庭の古木の下などにはテラス席があり、山野草をはじめ、桜の古木、シャガやあじさい、椿、古木の紅葉など、四季折々の自然の彩りが楽しめる **5.** 庭で飼っているミツバチたちの蜜で作った「生蜂蜜のシフォン」(430円)と「オーガニック紅茶」(450円)。ケーキセットで30円引きに **6.** 母屋横の中門の向こうにも庭があり、表情の違う庭の散策を楽しむことができる

おすすめメニュー

＊すべて税込価格

Food さきたま古墳古代米カレー(チキンまたはココナッツミルク)980円、さきたま古墳古代米ハヤシライス980円、ミックスサラダ550円など

Sweet 本日のケーキ(3〜5種類)各430円〜

Drink ホットコーヒー・紅茶各450円、自家製スパイシージンジャーティー650円など

Memo ＊ランチは、＋300円でドリンク付、＋600円でケーキ・ドリンク付に。＊カレーランチコース(2名以上/要予約)あり。＊ケーキとドリンクを一緒に注文すると30円引きに。

Shop Data

TEL.048-556-1774 行田市長野3-5-41(ナビ用住所／行田市長野3-6-18)

営 11:00〜17:00(ランチ〜14:00)
休 月・火・水・木曜
席 60席(テーブル席20、座敷席30、テラス席10)／テラス席のみペット可
交 秩父鉄道「東行田駅」から徒歩10分　秩父鉄道「行田駅」または「東行田駅」からバス「北東循環コース」乗車、「東小学校前」下車　＊「行田駅」からの乗車がおすすめ
P 20台
URL https://takazawakan.jimdo.com/

【cafeからのお願い】江戸後期の建物は段差などが多く、お子様がケガをしないようご留意ください。国登録有形文化財のため、敷地内は完全禁煙となります

LUNCH SWEET ZAKKA BOOK EVENT PET CARD PAY

花屋さんのカフェらしく、生花やドライフラワーもふんだんに飾られて緑あふれるナチュラルな雰囲気。アンティークと調和されていてステキだ

Ramb's ear

ラムズイヤー

花に囲まれて〝ラムズイヤー《羊の耳》〟のように、心がふわふわした幸せ気分になれるカフェ

鶴瀬駅から歩いてすぐ、入口がたくさんの草花に彩られた店が見えてくる。植物に誘われて店内へ入ると花屋さん、その隣がカフェ。フレンチカントリー調の店内は、ヨーロッパ片田舎の農家のイメージ。オシャレでセンスのいい雑貨も品よく飾られている。

「ずっと前からお花を見ながら、お茶を飲める…そんな空間があればいいなぁと思っていたんです」とオーナーの三浦さん。

4種類から選べるランチは、オリジナルの笠間焼きの器で、盛り付けもオシャレ。「こんな風に使うとステキ…」そんなヒントになりそう。

ここでは、うっとりするような優しい色合いの花々を眺めながら、至福の時を過ごせそう。

from cafe

ALDINやLIONのリネンやチェルシーガーデンティーの紅茶、スタジオMや作家さんの器や雑貨、ガーデン雑貨などステキだと思う雑貨などを置きました。どれも店で使っています。使い方や飾り方の見本になれば嬉しいです

●オーナー 三浦佐知子さんとキッチン担当・片野花恵さん

Cafe 3密対応
来店前にお店にご確認ください

推奨

TAKE OUT

*「ラムズイヤー」は、ふわふわの〝羊の耳の毛〟のようなルーフ植物のこと。

2

1

1.この日の＜ごはんプレート＞は「お野菜たっぷりドライカレープレート」(980円)デリにも山芋の酢の物、切り干し大根キムチ和え、にんじんナムル、サラダと野菜たっぷりの一皿 2.季節の花々を眺めながら、カフェ・タイムを満喫 3.季節のジャムと生クリームでいただく熱々の「スコーンセット」(480円) 4.カフェの一角にあるお花の作業スペースは、インスタで人気!

4

3

おすすめメニュー

＊すべて税別価格

Food ランチ(サラダ・デリ2〜3種・週替わり)／ランチプレート、土鍋メニュー各980円〜など
Sweet レアチーズケーキ480円、りんごのコンポートのせフレンチトースト(アイスのせ)830円、スコーンセット(生クリーム・ジャム付)480円、黒糖抹茶白玉クリーム680円など
Drink ハンドドリップ珈琲480円、紅茶480円、フレッシュバナナジュース600円など
Memo ＊ランチと一緒にドリンクを注文すると480円までのドリンクが280円に。＊Mealの食事を注文の方は、ドリンク100円引きに。＊ケーキ、ドリンク、食事はTake out可。＊ホールケーキは予約注文可能。

Shop Data

TEL.049-293-6424　富士見市鶴馬3468

営 11:00〜18:00(花と雑貨10:30〜)
休 不定休　＊URLで確認
席 26席(カウンター席4、テーブル席20、ソファー席2)
交 東武東上線「鶴瀬駅」西口から徒歩3分
P 5台
URL http://rambsear.com/
http://rambsear.exblog.jp/

「ゆったりと寛いでほしい」と座り心地のよい家具を配置。天窓から降り注ぐ日差しがくつろぎの空間を演出してくれている

OIMO cafe

オイモ カフェ

300年続くさつま芋農家のカフェで、
おいしいさつまいも料理とコーヒーをいただく

立派なケヤキ並木の「イモ街道」に約30軒のサツマイモ農家が立ち並ぶ。その中に江戸時代から300年以上続く由緒あるさつま芋農家「むさし野自然農場」があり、そこに「OIMO cafe」がある。

50年ほど前に建てた建物の外見は、重厚な日本家屋風。裏の竹林とのコントラストが、さらに和の雰囲気を濃くしている。店内は、吹き抜けの高い天井に天窓、白壁と木にセンスのいいインテリアが自然になじむ。

料理はさつまいもや農場で穫れた野菜中心のメニューで、おいしい上にオシャレ。また、バリスタが淹れる〝お芋に合う〟本格コーヒーも楽しめる。窓から竹林が臨める日本情緒たっぷりのカフェ…ほかにはない！といえるかも。

from cafe

農園で採れるさつまいもは、「シルクスイート」「むさしこがね」「むさし金時」「紅赤金時」など。年を越すと熟成が進んで糖度が上がり、さらに甘くなります。それぞれのおいしさを味わってみてください

●オーナー 武田浩太郎さん

Cafe 3密対応
来店前にお店にご確認ください

推奨

お弁当予約制

1.窓から見える竹藪は、春はたけのこが顔を出し、夏には涼やかな風を、秋には紅葉と四季折々の風情を楽しませてくれる 2.れっきとしたスイーツ「いも丼」(1000円・ドリンク付1300円)、フレンチトーストにさつまいもで作った飴、たっぷり生クリームのパフェは、チョコ、キャラメル味の2種類あり 3.店長の野津さんが淹れるおいもとの相性ピッタリのスペシャルティーコーヒーをどうぞ 4.ランチセット(1400円)はお芋のポテサラと採れたての季節の野菜、マスカルポーネ味噌を挟んだcoppe、スープ、生姜の肉巻きなど、ボリューミー！バリスタおすすめのコーヒーと一緒に 5.お芋の味比べは「つぼ焼き」が一番(季節限定) 6.店頭で販売している「こいもちゃん」はお土産にぴったり!

おすすめメニュー

＊すべて税込価格

Food ランチ／ランチセット(季節替り・ドリンク付)1400円〜

Sweet おいものクリームブリュレ700円、むさし金時のハニースイートポテト700円、デザートセット(ドリンク付)1100円、期間限定つぼ焼きおいも300円〜など

Drink 本日のコーヒー500円、本日のSpecialdrink600円〜、カフェラテ600円、紅茶500円、COEDOビール750円など

Memo ＊ランチは、＋500円で好きなデザート付に。＊ランチ、デザートのセットドリンクは＋100円でカフェラテまたはカプチ　ノ、Specialに。

Shop Data

TEL.090-2729-5236 入間郡三芳町上富287(ナビ用住所/埼玉県三芳町上富交差点)

営 11:00〜18:00(LO 17:00)
休 月·火曜(祝日の場合は営業)
席 28席(テーブル席6、ソファー席22)
交 東武東上線「鶴瀬駅」西口からバス「三芳役場·三芳中学経由〜西原住宅循環線」または「三芳役場·上富·セントラル病院経由〜ふじみ野駅西口折返し線」乗車、「角屋」下車徒歩1分
P 10台
URL https://oimocafe.com/

LUNCH SWEET ZAKKA BOOK EVENT PET CARD PAY

築約100年の長屋で、もとあるものを生かしながら、しらつちさんが目指した「新しいけれど、ずっと前から馴染んでいる」空間を作り上げた

Banon

バノン

築約100年の建物の隠れ家的なカフェで、まったりした居心地の良い時間を過ごす

一番街の北、札の辻交差点から古い木造建物が建ち並ぶ「裏宿通り」の角にひっそりと「Banon」はある。

「好きなものを集め、大好きなことをしよう」とはじめたBanon。温かみのある木・麻・ガラスなどの自然素材のものや、読んで気に入った本など、オーナーのお気に入りを店内に並べた。

メニューは、飲み物と日替わりや週替わりのケーキ。ケーキは、その日の天気や気温によっても内容を変え「そのときに食べたからこそおいしい」ものを出すこだわり。そんな思いで作られたケーキは、ゆっくり時間をかけて味わいたい。観光客よりも地元の人が多く訪れ、古いものと新しいものが無理なく融合する、とてもステキ居心地のよい空間だ。

from cafe

よく質問されるのが＜二重構造の入り口の秘密＞(^_^;。外の音を遮りたかったので建具を新たに作って二重構造に。もう一つ囲いを作ったことで、静かなカフェ空間ができた気がします

●店主 しらつちまゆみさん

Cafe 3密対応
来店前にお店にご確認ください

TAKE OUT ドリンクのみ

2

1

4

3

1.オーナーのおすすめ&お気に入りの本たち。平積みの本は購入可 2.人気の定番「自家製ヨーグルトと具だくさんのグラノーラ」「レモンのタルト」(各470円)と本日のケーキ「イチゴとクリームチーズのパフェ」(550円) 3.生活雑貨やアンティーク小物、作家ものの食器や洋服などなど、見ているだけでも楽しい 4.花のような香りと爽やかなのどごしの「琥珀(狭山微醗酵茶)」(450円)と爽やかな柑橘と炭酸のコラボが涼やかな「柚子スカッシュ」(550円)

おすすめメニュー

＊すべて税込価格

Food 日曜日のランチプレートセット(日曜限定)＊当日メニューを確認

Sweet レモンのタルト470円、自家製ヨーグルトと具だくさんのグラノーラ470円、本日のケーキ470円〜

Drink コーヒー480円、紅茶480円、琥珀(狭山微発酵茶)450円、かりがねほうじ茶450円、金柑ソーダ550円、レモネード550円、柚子スカッシュ550円など

Memo ＊ランチは、日曜のみで平日はありませんのでご注意を!

Shop Data

TEL.049-277-4300 川越市元町1-12-7

営 12:00〜18:00
休 月・火・水曜
席 10席(テーブル席10)
交 西武池袋線「本川越駅」から徒歩18分
P 無(近隣にコインパーキング有)
URL http://banon2014.com/

LUNCH SWEET ZAKKA BOOK EVENT PET CARD PAY

外観は日本家屋の古民家、店内はちょっと古めかしくておしゃれなシャビーシックと和の雰囲気が融合した空間

きょうのごはん ゆるりCafe

キョウノゴハン ユルリカフェ

小江戸川越のリノベ・カフェで、滋味豊かな京おばん菜風ランチを味わう

川越の古刹・蓮馨寺の裏路地に2019年11月オープンした「きょうのごはんゆるりcafe」は、〝健康・安心・ストレスフリーな食事〟をコンセプトに滋味豊かな食事やスイーツを楽しめる。

「きょうのごはん」は、「京都のおばん菜を中心にした今日のごはん」を意味する。京都の家庭料理の美味しさや滋味深さを知るオーナーが作る料理は、一皿に8種類の野菜料理が並ぶ「お野菜プレート」、牛・豚・鶏肉の肉料理の「お肉プレート」。無添加の調味料を使い、どれも素材の旨み、甘みや香りを楽しむことができる。卵未使用の京都丹波産大豆と国産大豆のブレンドきなこを使った出来たてアイス「ジェナーコ」も人気だ。美味しい料理とオーナー夫妻の笑顔…小江戸でゆるりとした時間をを過ごせそうだ。

from cafe

白基調の店内は、アンティークなものを取り入れたシャービーシック調のインテリア。飾ってあるドライフラワーなども手作りです。店内をゆるりと巡って楽しんでくださると嬉しいです

●オーナー 尾形 亮伍さんと 明日香さん

Cafe 3密対応
来店前にお店にご確認ください

推奨

TAKE OUT

2

1

1.この日の「お野菜プレート」(1200円)は、ラタトゥイユ、生ハムと7種類の野菜の花サラダ、白味噌田楽味噌のふろふき大根、アボカドの塩ナムル、季節の野菜とキノコのグリルなど、たっぷりの野菜が美しく盛られている。+400円で野菜の食物繊維と相性のいい「ビネガースパークリング」をプラス

4

3

2.人気の「ジェナーコ」に北海道産小豆のまったりとしたアンコ、自家製ラムレーズンをトッピングした「ゆるり風クリームあんみつ」のドリンクセット(880円)。100円を追加して、京都の宇治茶をセットに 3.中庭が臨める奥のテーブル席とソファー席。他のお客さんと目が合わないようにテーブルや椅子の高さが異なっている。そんな気遣いも嬉しい 4.扉を開けるとオープンキッチンとカウンター席があって、カウンター席ではお店の人との会話も楽しめそう…

おすすめメニュー

*すべて税抜価格

Food プレート(雑穀米・本日の汁物付)/お野菜プレート1200円、お肉プレート1200円、店長の気まぐれ5種プレート900円、雑穀米と本日の汁物350円など

Sweet ジェナーコ(できたてきな粉のアイスクリーム)490円 カフェメニュー(15:00~)/3種のベリーと生チョコを添えた濃厚レアチーズケーキ600円、ゆるり風クリームあんみつ520円

Drink 宇治茶(お茶菓子付)500円、ビネガードリンク(アップル・ピーチ・キウイ)500円など

Memo *野菜とお肉のプレート(15:00までの注文)、店長の気まぐれ5種プレート(17:30までの注文)は、+300円でソフトドリンク付に、+600円でソフトドリンク、ジェナーコ付に。*ジェナーコは、+360円でソフトドリンク付に。*お野菜とお肉、店長の気まぐれ5種プレートやジェナーコ、カフェメニューに宇治茶または紅茶をセットする場合は+100円。*土・日曜はお野菜とお肉、シェフの気まぐれ各プレートL.O17:30。

Shop Data

TEL.049-227-9133 川越市連雀町32−1

営 10:30~18:00
休 不定休 *インスタで確認
席 21席(テーブル席8、カウンター席9、ソファー席4)
交 西武新宿線「本川越駅」より徒歩9分
P 有(場所は電話で確認)
URL https://www.kyounogohan-yururicafe.com
https://www.facebook.com/きょうのごはん-ゆるりCafe-103321584360704/

煉瓦の床と鮮やかなペパーミントグリーンのイスとテーブル…オシャレな店内はどこか外国の映画のワンシーンを見ているよう

cafe COUCOU

カフェ　ククウ

おいしいカフェごはんとパンケーキ、地域の人に愛されるステキなカフェ

扉を開けると、真っ白な壁にライトグリーンの差し色がオシャレな南仏のカフェを連想させる。

このカフェでは、発芽玄米ともち麦入りごはん、近隣の農家から仕入れる有機野菜、無添加の調味料など、食材の安心・安全にこだわったカフェごはんがいただける。スイーツは、大麦、もちきび、小豆、黒米、もちあわの5種類の雑穀が入った生地を使って焼く、ふわふわ食感のパンケーキが定番人気だ。「ランチもパンケーキも食べたい!」人には、ハーフサイズランチに好きなパンケーキ&飲み物のついた「欲張りランチセット」がおすすめ!

「地域に根づいたカフェ」を目指してオープンした「cafe COUCOU」。今では近隣だけでなく、遠方からもたくさんの人が訪れる。

from cafe

木曜日は無農薬野菜販売やってま〜す。毎月「インスタコンテスト」も開催中。1位の方には1500円(+税)のお食事券をプレゼント！ ぜひ、応募してくださいね

●オーナー　小嶋昌恵さん

Cafe 3密対応
来店前にお店にご確認ください

カフェメニューはURLで確認を　推奨　TAKE OUT　テイクアウトメニューはURLに記載。販売は18時まで

1.人気の大きな窓のカウンター席。テラス席ではペットと一緒に食事ができる 2.「パンケーキまでしっかり食べたい!」という人にはメインをハーフサイズにした「欲張りランチセット」がオススメ。「ササミのゆず照り焼きランチ」のハーフ(660円)と「抹茶と小豆のパンケーキ」(990円)とオーガニックコロンビアのコーヒー(400円)で心もおなかも満腹! 3.人気の雑穀パンケーキは、季節限定の「オレンジとクリームチーズ」(800円)。オレンジピールのペースト、スライスしたオレンジのシロップ漬けマーマレードのトッピングが爽やか 4.日替わりの焼き菓子は、イートイン&テイクアウトOK 5.ときがわ町産のゆずや地元の大根やにんじんなどをたっぷり使ったオリジナル・ドレッシング(700円～)、オーガニック・ジンジャエールシロップ(800円)は人気

おすすめメニュー

＊すべて税別価格

Food ランチ(サラダ付)／季節のワンプレートランチ990円～、欲張りランチセット(ハーフサイズランチ＋好きなパンケーキ＋好きなドリンク)1650円～　食事パンケーキ／クロックムッシュ風770円など

Sweet 雑穀パンケーキ／季節限定パンケーキ990円～、キャラメルナッツ770円など　キャロットケーキ440円、ソイチョコケーキ550円など

Drink ほうじ茶の豆乳きなこラテ450円、オーガニックコーヒー400円、オーガニック紅茶400円など

Memo ＊ランチ・スイーツは、＋300円、＋400円でドリンク付に。＊テイクアウトメニューあり。

Shop Data

TEL.049-298-4910　坂戸市にっさい花みず木5-6-7

営 11:00～17:00　月･水～土曜～21:00 (ランチ～15:00 LOは閉店1時間前　臨時休業･営業時間変更あり)
休 火曜
席 27席(カウンター席5、テーブル席18、テラス席4)／テラス席のみペット可
交 東武東上線･北坂戸駅西口からバス「坂戸ニューシティにっさい循環(入西団地行)」乗車、「堀込」下車徒歩1分程度
P 6台
HP http://coucou.cafe.coocan.jp/index.html

LUNCH　SWEET　ZAKKA　BOOK　EVENT　PET　CARD　PAY

ハンモックで揺られながら、手すりの小鳥のオブジェや木々を眺めれば、カフェの周囲の自然を独り占めしたような気分になる

ギャラリィ＆カフェ 山猫軒

ぎゃらりぃ＆かふぇ やまねこけん

『注文の多い料理店』が具現化したような森の中のギャラリー・カフェ

２０２０年４月にオープン33周年を迎えた「山猫軒」。都内から「空気と水のきれいな所で暮らしたい」と移転、今の「山猫軒」は２代目になる。

山の中に建つカフェの庭や店内のいたる所に、店名の由来になった宮澤賢治の小説『注文の多い料理店』がモチーフのオブジェをはじめ、著名な芸術家の作品が展示されている。また、建物自体も金具類を一切使用しない伝統工法のセルフビルドで建てられた貴重なものだ。「作品、建物、そして自然。飲食だけでなく見応えのある時間を過ごして欲しい」とオーナーの南さん。店内には「千代文庫」という小さな図書館もあって、読書も楽しめる。

森に囲まれた隠れ家的なカフェで時間を忘れ、自然と同化した空間をゆったりと楽しみたい。

from cafe

「共喰い」で知られる青山真治の初プロデュース作品「はるねこ」は、ここが舞台になりました。このカフェの影の主人(?)・ルナが田中泯さんなどの俳優さんたちに混じって出演しています

●オーナー 南達雄さんと影の主人(?)ラッキーくん

Cafe 3密対応
来店前にお店にご確認ください

1.「当店はギャラリーがメイン…」の文言通り、ゲートには造形作家・中里繪魯洲氏の作品、店内の壁には日本画家・竹内啓氏や岡村桂三郎氏の作品をはじめ、カメラマンであるオーナーの作品などが展示され、オープンギャラリーとしてもさまざまな展示会が開催される 2.窓枠を額に見立てて、周囲の自然を楽しむ 3.国産地粉・天然酵母の生地から丁寧に作る「マルゲリータ」(10インチ・1950円)、ぜひ素晴らしい景色と一緒に味わいたい 4.「エスプレッソ」(450円)と「クリームチーズケーキ」(400円)をセット(100円引)で

おすすめメニュー

＊すべて税込価格

Food 天然酵母ピッツア(4種　マルゲリータ・野菜ときのこ・野菜とサラミ・野菜ととたまご)／10インチ(2人分)1950円、7インチ1250円　古代米野菜カレー1200円(ピクルス・ヨーグルト付)、カンパーニュカレー(ピクルス・ヨーグルト付)1200円

Sweet クリームチーズケーキ400円、ラムケーキ400円、クラッシックショコラ400円など

Drink フレンチタイプのエスプレッソ／シングル450円、ダブル550円　レギュラーコーヒー450円など

Memo ＊Food類の注文の際には、ドリンクも一緒にご注文ください。＊ケーキは、ドリンクと一緒の注文で100円引きに。＊エスプレッソ、レギュラーコーヒーは、2杯目以降は100円に。＊ピッツァはテイクアウト可(2000円)。

Shop Data

TEL.049-292-3981　入間郡越生町龍ケ谷137-5

営 11:00〜19:00
休 月〜金曜(祝日の場合は営業、平日気まぐれオープンあり)
席 60席(テーブル席32、テラス席28)／分煙(テラス席のみ)　テラス席のみペット可
交 東武越生線またはJR八高線・越生駅からタクシーまたはバス「黒山行き」乗車、「麦原入口」下車徒歩2.2㎞
P 15台
URL http://www.yamaneko.info

LUNCH　SWEET　ZAKKA　BOOK　EVENT　PET　CARD　PAY

＊Foodメニューあり

「目の前に広がる森を臨める『森の窓』がコンセプト」というご主人の浅見さん。大きな窓の向こうには、山の緑が広がっている

OKUMUSA marché

オクムサ　マルシェ

アットホームな雰囲気のカフェで 地産の食材を使った滋味溢れる料理に舌鼓！

奥武蔵エリア・越生町の里山にある「OKUMU-SA Marché」は、家族で営むアットホームなカフェ。スギ材を使って元倉庫をリノベーションしたという店内は、温かみのあるやわらかな雰囲気だ。

ここでいただけるのは、昔ながらの調理法や食べ方を織り交ぜながら作る、薬膳を取り入れた料理。「薬膳と聞くと難しく感じるけれど、季節の食材を食べて体の調子を整えること」と『国際薬膳食育士』の資格を持つお母様の久美子さん。店内の黒板やメニューにも食材の効能が書いてあって「薬膳」という言葉が身近に感じられる。また、カフェで使っている埼玉産の天然醸造醤油や味噌、ときがわ産の特別栽培米などを店内で買うことが出来る。豊かな自然を見ながら、滋味豊かな食事をいただいているとフツフツと力が湧いてくるようだ。

from cafe

自称「勝手に観光案内所」です。奥武蔵エリアの見頃の花のこと、地域のお祭り、フリーマーケットのことなど、奥武蔵の良いところを知ってもらいたいので、なんでもお教えします。

●店主 浅見 敦さんと洋子さん

Cafe 3密対応
来店前にお店にご確認ください

TAKE OUT

2

1

4

3

1.奥武蔵ではおなじみの素朴な「炭酸まんじゅう」(140円)は、浅見家代々のおふくろの味。地元の平飼い鶏の卵を使った「ベイクドチーズケーキ」(390円)。「おごせ産うめソーダ」(400円)はシャンパンみたいと評判 2・3.1階はカフェスペース、2階では近隣の工芸作家や個人の作品などを展示している 4.旬の野菜、胃腸に優しい陳皮、疲労回復を助けるナルコユリなどが入った滋味たっぷりの「薬膳カレー」(950円)。スパイシーだけど、後味スッキリの元気になるカレーだ

おすすめメニュー

＊すべて税込価格

Food あえそば(自家製十割蕎麦と副菜付)1000円、胡桃そば(自家製くるみペースト・副菜小鉢2種付)1000円、おにぎり(梅or鮭)200円など

Sweet 平飼いたまごプリン330円、炭酸まんじゅう(1個)140円など

Drink コーヒー(ハンドドリップ)450円、紅茶400円、おごせ産うめジュース・うめソーダ各400円、米麹づくりの甘酒450円など

Memo ＊ランチは、＋300円でドリンク付。

Shop Data

TEL.080-9973-5457 入間郡越生町小杉756

営 11:00~17:00
休 水・木・金曜
席 16席(テーブル席10、ソファー席6、テラス席あり)/分煙(喫煙場所のみ)、テラス席のみペット可
交 東武越生線またはJR八高線「越生駅」からタクシーまたはバス「黒山行き」乗車、「麦原入口」下車徒歩5分
P 7台
URL https://okumusamarche.com

LUNCH SWEET ZAKKA BOOK EVENT PET CARD PAY

*Foodメニューあり

デッキ席では、窓越しに目の前に広がるなだらかな丘陵の緑のじゅうたんを眺めることができる。夏や冬にはペット入室可（条件あり）

Garden & Cafe PRUNUS

ガーデン＆カフェ プラナス

田園地帯の丘に佇むカフェで 自然の移ろいを眺めながら時を過ごす…

木々が茂る山道をしばらく進むと急に目の前になだらかな丘陵の田園地帯が拡がる。その小高い丘に立つ洋館の佇まいも美しく、周囲の丘陵や木々に溶け込んでいるのが「PRUNUS」。

「誰よりも自分自身がここに居たいと思う場所です」とオーナーの鈴木さん。オープン当時は木々もまだ幼く、樹齢約１００年の山桜と樹齢約２００年の榎のシンボルツリーが優雅に枝を広げていたが、６年の月日が木々や草花の成長を促し、素晴らしい庭になった。これからも木々や草花は成長を続け、素晴らしい景色をプレゼントしてくれるはずだ。カフェのどの部屋からも自然の豊かな風景が臨める。四季折々に訪れて変わりゆくプラナスの庭の移ろいと成長を楽しみながら、ランチやお茶をいただく…優雅な時間が流れる。

from cafe

1DAYレッスンから本格的な講師免許取得コースまでのお花のレッスンだけでなく、演奏会、手づくり雑貨など、様々なイベントを開催しています。自然の中でのレッスン、ぜひご参加ください

●オーナー 鈴木智子さん

Cafe 3密対応
来店前にお店にご確認ください

TAKE OUT ドリンクのみ

1.裏庭を散策して振り返ると空に向かって大きく手を広げているような樹齢200年の榎の古木に出合える 2.丘陵を駆け抜ける風を感じながらのランチやティータイム。リゾートにいる気分になるはず 3.ミックスベリーを添えた自家製チーズケーキとコーヒーをセットにした「自家製ケーキセット」(900円) 4.自家製の野菜を使った日替わりランチデザートセット(1300円)。この日はたっぷりの野菜とローストポークのプレートにサラダ、小鉢、果物、玉ねぎとセロリのパスタスープでお腹いっぱいに 5.注文と支払いが先なのは、この広々とした庭を満喫してほしいから…とか。

おすすめメニュー

＊すべて税別価格

Food ランチセット(ランチドリンク付)1300円、ランチデザートセット(デザート・ランチドリンク付)1700円

Sweet 自家製ケーキセット(ドリンク付)900円、自家製スコーンセット(ドリンク付)880円

Drink コーヒ　(トアルコ・トラジャ)550円、紅茶550円、凍頂烏龍茶(ポット)600円、7種のブレンドハーブティ(ポット)700円など

Memo ＊注文時に支払いをすませる「先払い制」。＊アレルギー、ビーガン対応　＊ランチやスイーツとセットドリンクを＋100円でカフェラテやカノチーノなどのアレンジドリンクに変更可。＊予約で昼・夜コース可。

Shop Data

TEL.0493-81-5607　東松山市大谷1549-3

営 11:00~16:00(Garden~17:00)
休 金曜
席 79席(1階／カウンター席6、テーブル席26、ソファー席4、デッキ席15　2階／和室13　庭／ガーデンテーブル席15)　ペット可(夏、冬時期のデッキ席入室可、オムツ持参などルールあり)
交 東武東上線「東松山駅」東口からタクシー15分
P 5台(臨時駐車場あり)
URL https://www.atelier-karen.info/

店内から庭を臨めば、糸ヒバやイチョウは明治初期からある古木をはじめ、息づく植物たちが四季の移ろいを教えてくれる

古民家カフェ《こみんかかふぇ》 枇杏《びあん》

都幾川の四季を190年見守ってきた古民家で季節の美味をいただく

比企の山々に囲まれたときがわ町にある「古民家カフェ枇杏」。

江戸の中期に建てられた築190年の古民家を古い立派な梁や広い土間など、当時に近い状態で大切に残し、センスの良い和モダンな雰囲気にリノベーションした。「ときがわ町は『都心から一番近い田舎』。四季折々のおいしい自然も恵みを召し上がって欲しい」とご主人。春には山菜、夏にはお二人が丹精込めて作った自家製の夏野菜、秋には栗や柿などの果物など、カフェのメニューに盛り込まれる。

古民家の持つ温かな雰囲気とおいしい食事、そして縁側から見える庭…。「食後ものんびりくつろいでくださいね」という奥様の言葉についつい甘えてしまいそうだ。

from cafe

看板やのれんの書などは主人が。のれんを仕立てたのは私で、玄関の季節替わりの和小物やちりめん細工はスタッフの手づくり。手仕事でのおもてなしで寛いでいただければと思っています

●オーナー 正木道朗さんと睦美さん

Cafe 3密対応
来店前にお店にご確認ください

1.190年の歴史を持つ古民家を和モダンにリノベーションした店内は、ゆったり落ち着いた空間　2.天然のわらび粉を時間をかけて練り上げた「わらび餅」と日本茶のセット（650円）は人気のメニュー　3.「枇杏ランチ」（日替わり肉料理1630円）は、日替わりのメイン料理にデザートとドリンクまで1品ずつ饗されるミニ会席風。庭を眺めながらゆっくりといただきたい　4.玄関を入るとタタキ土間があり、立派な梁のある天井が建物の歴史を物語る。古民家ならではの風情だ

おすすめメニュー

＊すべて税込価格

Food ランチ／枇杏ランチ（数限定　サラダ・小鉢2種・デザート・ランチドリンク付）日替わり肉料理1630円、魚の料理（２種類）1730円～　パスタ（２種類）860円～、枇杏カレー650円～など

Sweet 本日のケーキ450円、日本茶セット（わらびもち、白玉あずき）650円、パンケーキ690円～、パフェ（抹茶あずき、黒蜜きな粉など）580円～

Drink コーヒー500円～、ほうじ茶ラテ580円、紅茶500円～、中国茶（4種・ドライフルーツ付）各500円～～など

Memo ＊「枇杏ランチ」以外のランチは14:30まで、＋350円でサラダ・ランチドリンク付に。＊ケーキは、ドリンクを注文すると100円引きに。＊パフェは、＋100円で白玉入りに。＊パンケーキはドリンクと注文すると100円引きに。＊「枇杏ランチ」は予約可。

Shop Data

TEL.0493-65-3893　比企郡ときがわ町番匠640-1

営 11:00 ～16:00　（12･1･2月は土･日･祝～16:00）
土･日曜･祝日～17:00（ランチ～14:30）
休 月･火曜（5･8月、年末年始休みあり）
席 36席（テーブル席22、座敷席10、テラス席4）／分煙（喫煙所のみ）　テラス席のみペット可（1組）
交 JR八高線「明覚駅」から徒歩3分　東武東上線「武蔵嵐山駅」西口からタクシー13分
P 10台

「水と木」がテーマの庭。ハルニレをはじめ針葉樹、広葉樹など100本以上の木が植えられ、水が流れ落ちる池にはニジマスが棲む

harunire café

ハルニレ カフェ

石焼き釜で焼いたピザが美味な『水と木』がテーマの庭園を臨むカフェ

枕木を使った洒落た看板の向こうは、シンボルツリーの「ハルニレ」の木が出迎えるカフェへのアプローチ。「harunire café」の店名は、奥様のお父様が営んでいた洋食店の名前『エルム』＝ハルニレにちなんでつけられた。

店内に入ると光が注ぎ込む大きいガラス窓から、池のある美しく設えられた庭が見える。「いずれ木々が育ち、ここは住宅街の中にある緑に囲まれたカフェになります」と造園業を営むオーナーの酒井さん。人気のメニューは石窯料理。造園の仕事で伐採した木材を使って火を熾し、ピザやガレット、スープカレーにつくナンなどを焼く。また、30年来深谷で愛され続けた洋食店『エルム』の「ナポリタン」の味も復活させた。どの部屋からも庭の見えるカフェが、緑に包まれる日が楽しみだ。

from cafe

入口や庭に、明治〜昭和初期に深谷で製造された上敷免煉瓦があり、中には東京駅や東京大学で使われていた刻印入り煉瓦も。庭を散策しながら、歴史の刻まれた煉瓦を探してみてください

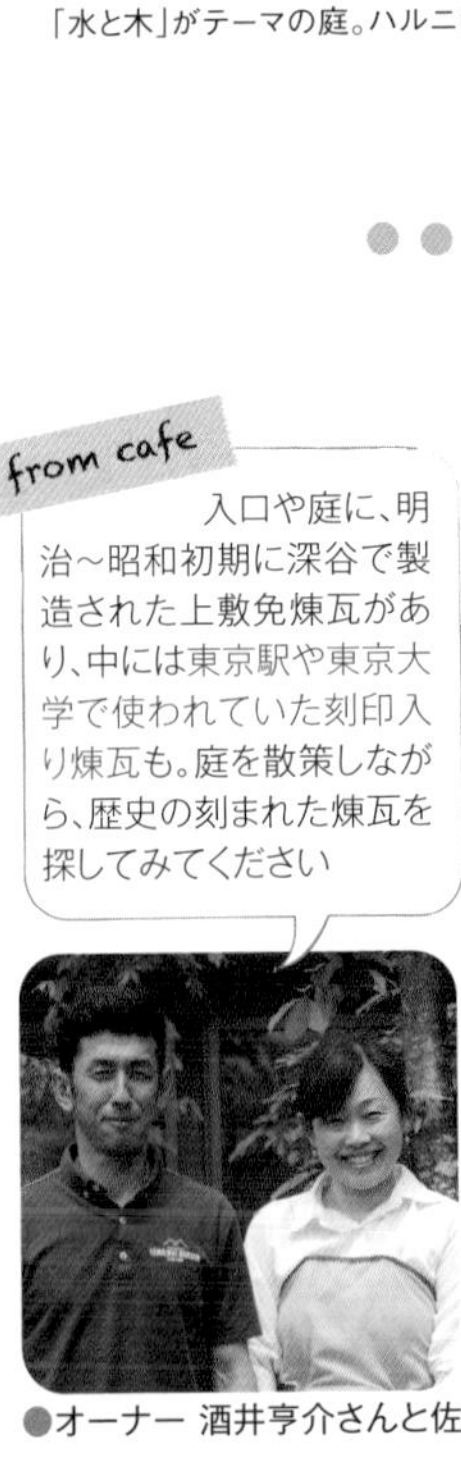

●オーナー 酒井亨介さんと佐知子さん

Cafe 3密対応
来店前にお店にご確認ください

夜休業

おすすめメニュー

＊すべて税別価格

Food ピザランチ（8種類 サラダ・スープ付）各950円〜、スープカレー（3種類 サラダ・窯焼きナン付）各1400円、ガレット（2種類 サラダ・スープ付）各1400円　なつかしのナポリタン900円など

Sweet ピザ・チョコレートチャンク1200円、クレープ（3種類）各420円など　ランチお茶会セット（ランチタイム限定・ドリンク・クレープ・アイスから2点）650円

Drink プレミアムティーブランド紅茶Tea forte'各420円、コーヒー420円、カフェラテ420円、グレープフルーツジュース350円、グラスワイン（赤・白）各500円など

Memo ＊ランチは、＋450円でドリンク・クレープ・アイスから2点付に。＊ピザは、テイクアウト可。＊窯焼きナンは、＋280円で追加可。

1.チョコ、マシュマロ、オレオをトッピングして400℃の釜で焼きあげた「チョコレートチャンク」（1200円）。ハイクラスホテルでも使われているティーフォルテの「ブルーベリーメルロー」（420円）。ポットから出た葉っぱがかわいい 2・3・4.小さな窓から庭を眺めると、建物の壁際まで来る水面と窓がフラットになり、水に浮かんでいるような感覚になる 5.バジル、スパイス数種をチキンベースのカレースープと合わせ、素揚げした野菜をトッピングした「チキンと彩り野菜のスープカレー」（1400円）。焼きたての石釜焼きナンがおいしさを引き立てる

Shop Data

TEL.048-571-5088　深谷市東大沼100-1

営 11:30〜14:00 L.O
金・土曜11:30〜14:00 L.O　17:30〜21:00 L.O
休 日・第1・3月曜日・祝日
席 36席（テーブル席24、ソファー席4、個室席4、テラス席4）／昼・分煙（喫煙場所のみ）夜・喫煙可、テラス席のみペット可
交 JR高崎線「深谷駅」北口から徒歩15分
P 17台
URL http://yamaichizouen.co.jp/

大きな開口の窓からは陽射しが降り注ぎ、四季折々に咲く庭の花々が目を楽しませてくれる

OMED cafe

オマエダ カフェ

明るい陽だまりのような一軒家カフェで 自慢のパスタとスイーツをいただく

秩父鉄道の小前田駅から歩くこと4分、旧国道１４０号線沿いに白いアーチ型の入り口が印象的な、明るい母・三代子さんとシャイなシェフ・娘の典子さんが営む「OMEDcafe」がある。読み方は駅名と同じ「オマエダ」。

ここでいただけるのは、自家菜園や地元野菜、果物をたっぷり使った濃厚ソースのパスタ料理やスイーツ類などの体にやさしいメニュー。ドレッシング、パンまですべて手作りにこだわっている。「落ち着けるカフェを開きたかった」という言葉通り、木と白基調にした店内は席の間隔がゆったりと広く落ち着ける雰囲気。

秩父パワースポット巡りなどの前に、ぜひ途中下車して立ち寄ってほしいオススメのカフェだ。

from cafe

体によいものを食べていただきたくて、お冷やにも「水素水」をお出ししています。また、完全予約になりますが、自家菜園や地元野菜をたっぷり使ったディナー（18時〜・4名〜）もお楽しみいただけます。ご利用くださいね！

●店長の中村三代子さん　オーナーシェフの典子さん

Cafe 3密対応
来店前にお店にご確認ください

推奨

TAKE OUT パスタ（サラダ付）、ピザ、スイーツ販売あり

1.奥にある小上がり。オーガンジー風の布が陽射しを柔らかく包む 2.濃厚なクリームソースがよく絡むディチェコのパスタと自家菜園や地元産の野菜をたっぷり使った「白菜と柚子こしょうのクリームソースのパスタ」(950円)+350円を追加してドリンク・サラダ・小鉢付・ミニ自家製パン付きのランチセット「E」に 3.入り口のアプローチに置かれた小物たち。店内のディスプレーは姉・知子さんが担当 4.濃厚なチーズと甘いかぼちゃのコラボ!「かぼちゃのNYチーズケーキ」(450円)とカフェオレ(400円) 5.庭からはもみの木、オリーブの木、レモンの木のほか、井戸も見えて別荘地のカフェにいる気分にさせてくれる

おすすめメニュー

＊すべて税込価格

Food 本日のパスタ(トマトソース、クリームソースなど)950円〜 ランチセット(単品パスタ価格に追加料金)/「O」セット+180円(ドリンクまたはミニサラダ付)、「M」セット+300円(ドリンク・ミニサラダ・小鉢付)、「E」セット+350円(ドリンク・ミニサラダ・小鉢・手作りミニパン付)、「D」セット+550円(ドリンク・ミニサラダ・小鉢・手作りミニパン・季節のアイス付)

Sweet 季節のベイクドチーズケーキ480円、かぼちゃのNYチーズケーキ450円、季節のアイス320円など

Drink コーヒー350円、カフェラテ400円、抹茶ラテ450円など

Memo ＊ランチドリンクの2杯目は150円。＊ランチドリンクは+100円でカフェラテ、抹茶ラテに変更可。2杯目は250円に。＊手作りケーキはハーフサイズ(230円〜)あり。＊パスタ大盛りは+150円

Shop Data

TEL.048-577-8353 深谷市小前田1041

営 11:30~16:00(ランチL.O.14:30)
休 火曜(不定休あり)＊URLで確認
席 19席(テーブル席10　カウンター席5　小上がり4)
交 秩父鉄道「小前田駅」から徒歩4分
P 5台
URL https://picpanzee.com/omaeda_cafe4.7
https://www.instagram.com/omaeda_cafe4.7/

冬はコタツ、春から夏は網戸から自然の風が通り抜け、蚊取り線香の独特の香り…。昭和レトロ感漂う雰囲気がいい

Cafe ほっkuri

カフェ ほっクリ

縁側、蚊取り線香、味噌汁の匂い…
昭和レトロの古民家カフェで癒しの時間を

昔懐かしい木造の平屋建ての住宅が建ち並ぶ、秩父旧市街地にある「Cafeほっkuri」。カフェの建物も、明治後期に建てられた古民家だ。「田舎のおばあちゃんちで〝ほっこり〟気分…そんなカフェが作りたかった」という通称〝KURIちゃん〟こと、店主の栗原さん。

料理も〝ほっこり〟気分になれる和食が中心。おすすめは、種類豊富なお惣菜にごはんと味噌汁の「ほっkuriゴハン」。汁物の出汁は昆布とかつおがベース、惣菜のメイン食材は丹精込めて作られた自家栽培有機野菜、スイーツは秩父産中心の果物、スペシャルティコーヒーなど、店主厳選の体にやさしい食材を使う。気取らず気楽な店主とのおしゃべりも気分を〝ほっこり〟させてくれる。

from cafe

昔懐かしい建具や生活用品など、今も現役で活躍中です。ゼンマイの柱時計、アルミ製の電気がさ、かんぬき、手ふきガラスなど、どこにあるか。探してみてください

●店主 栗原早苗さん

Cafe 3密対応
来店前にお店にご確認ください
推奨

2

1

6

4

3

5

1.冬はコタツ、夏は開け放ったガラス戸に蚊取り線香の臭い…。昭和の古き良き情緒を残したこの店には、〝ほっkuri〟した空気が流れる 2.季節限定の「イチゴのサワースカッシュ」(580円)。二層になった見た目も味もさわやか。本日のケーキ「ベークドチーズケーキ」(400円)と 3・4.ガラガラ引き戸の玄関、縁側の席…もうほっこりするしかありません 5.入口では手づくりの素朴な小物やオシャレなアクセリー販売 6.押し麦入りごはんに手作り味噌のみそ汁、自家製のぬか漬け…まさに「おふくろの味」。「ほっkuriゴハン」(1200円)はお腹と心を満たす味だ

おすすめメニュー

＊すべて税込価格

Food ほっkuriゴハン(日替わり サラダ・小鉢3種付)1200円、煮豚丼セット(サラダ付)1050円、焼きおにぎりセット(小鉢1・ほうじ茶・自家製大葉辛味噌付)680円など

Sweet 本日のケーキ400円〜、ミルクゼリー350円、ふなやきロール(2個)320円など

Drink ほっkuriブレンド550円、カフェオレ600円、季節限定フレーバーティー600円など

Memo ＊食事は、ドリンク100円引きに(ソフトドリンク除く)。＊人気の「自家製大葉辛味噌」(300円)購入可。

Shop Data

TEL.0494-26-5402 秩父市上町2-3-7

営 11:30〜18:00
休 火・第1・4水曜(臨時休業有) ＊URLで確認
席 18席(カウンター席3、テーブル席8、座卓席6)/分煙(喫煙場所のみ)
交 西武秩父線「西武秩父駅」、または秩父鉄道「御花畑駅」から徒歩5分
P 3台
URL https://m.facebook.com/CafeHokkuri/

「緑の景観に合うカフェに」と建築士でもある小林慶子さんが設計を手がけて、2016年に店内をリニューアル。さらに、オシャレな雰囲気に

●● ジェラテリアHANA《じぇらてりあ ハナ》 ●●

マイナスイオンを浴びながら食べる、なめらかで冷たいジェラードと熱々ワッフルのコラボは絶品

定峰山を縫うように流れる定峰川沿い、峠に向かう道の途中に「ジェラテリアHANA」がある。

少々不便な山の中のカフェにたくさんの人が訪れるわけは、低温殺菌された生産者直送の新鮮な牛乳、秩父産中心の果物を使って丁寧に作られた50種以上のバリエーションがある自家製ジェラードが食べたいから。ジェラートを一番おいしく食べられるようにと試行錯誤して辿り着いたアツアツの自家製生地のアメリカンワッフルに、なめらかで冷たいジェラートを乗せてほおばる瞬間は至福のときだ。毎朝焼き上げる自家製生地のパンにジューシで旨味のあるソーセージを挟んだホットドックも人気上昇中。川のせせらぎと緑の木々に包まれた自然の中で食べるジェラードやワッフル、ピザは、街中では絶対に食べられない贅沢な味わいだ。

from cafe

北欧のオシャレな雑貨が揃った隣の雑貨店「イニミニマニモ」。北欧の工芸品や雑貨を中心に、人気の個人ブランドものも入荷。暮らしを彩るステキな雑貨を集めたので、ぜひご覧くださいね

●マスター 小林洋久さんとイニミニマニモ小林慶子さん

Cafe 3密対応
来店前にお店にご確認ください

TAKE OUT

1.注文後に焼き上げるアツアツの「自家製ワッフル」に「抹茶とバニラのジェラード」をダブルでトッピング(1010円)に長瀞で無農薬・無除草で栽培された紅茶に地産のドライリンゴを添えた「フルーツティー」(450円)をセット(100円引き)で 2.「緑が似合う」をコンセプトにリニューアルした店内 3.ハーブとスパイスが効いた少し大きめのソーセージにチーズ、フライドオニオンが乗った「THEリッチソーセージホットドック(チーズ付)」(760円)は「HANAオリジナルブレンド」(430円)とセットで150円引きに 4.インテリアコーディネーターの店主がセレクトした、国内外のステキな雑貨が揃う「イニミニマニモ」。料理を待つ間、食後にぜひ立ち寄ってみて

おすすめメニュー

＊すべて税込価格

Sweet 自家製ジェラード／シングル(1種)360円、ダブル(2種)610円、トリプル(3種)860円　焼き立てワッフル／プレーン430円、シングル(ジェラード1種付)760円、ダブル(ジェラード2種付)1010円、トリプル(ジェラード3種付)1260円

Food ホットドッグ(コールスローサラダ・ピクルス付)／プレーンソーセージ610円(チーズ付660円)、THEリッチソーセージ710円(チーズ付760

Drink HANAオリジナルブレンド430円、紅茶各種450円、HANAオリジナルアイスコーヒー450円、アイス河越抹茶ラテ490円など

Memo ＊デザートを注文するとドリンクが100円引きに。＊ホットドックを注文するとドリンクが150円引きに。＊冷たいお飲み物には＋210円でジェラートをトッピング可。＊ジェラードは、テイクアウト可(カップ入り・コーン、シングル各350円〜)

Shop Data

TEL.0494-25-2785　秩父市定峰514-1

営 8:00〜17:00(12月〜3月10:00〜)
休 木・金曜
席 30席(カウンター席2、テーブル席8、小上がり席8、テラス席12)／分煙(喫煙場所のみ)　テラス席のみペット可
交 西武秩父線「西武秩父駅」・JR秩父鉄道「秩父駅」からバス「定峰方面行」乗車、平日は「定峰入口」下車徒歩10分、平日以外は「終点・定峰」下車徒歩25分
P 10台
URL http://www.gelateriahana.com

周囲の自然を満喫できる、明るくてウッディな広々としたテラス席

MAPLE BASE

メープルベース

秩父の自然の恵みメープルシロップを自然豊かなカフェで味わう

ログハウスを改装したオシャレな建物の「MAPLE BASE」は、自然豊かな『秩父ミューズパーク』の中にある。全国で確認されているカエデ27種の内、秩父で見られるカエデは21種類。カフェの入口付近の花壇には、そのカエデの苗木たちが植えられていてカフェを訪れる人を出迎えてくれる。

カエデの樹液の収穫は、1～3月終わりまで。獲れ立てのカエデの樹液は、メープルシロップ製造機で1/60にまで煮つめられ、純正のシロップになる。この〝ほんのり甘く天然のミネラル成分が豊富〟なシロップを味わえるのが、このカフェの看板メニュー「パンケーキ」だ。そしてもう一つ、カエデ樹液のほのかな甘みが美味な「樹液紅茶」。秩父の自然が育てたメープルシロップを自然に感謝しつつ、味わっていただきたい。

from cafe

毎年2月に子どもから大人まで参加できる「メープルエコツアー」を企画。カエデの樹液採取のようすやシロップづくりなども見学していただけます。ぜひご参加ください（詳細はURLで）

●ディレクター　井原愛子さん

Cafe 3密対応
来店前にお店にご確認ください

1.秩父には21種のカエデの木が自生しており、カフェ入口ではその<カエデの苗たち>が出迎えてくれる 2.白を基調にした店内は、天井が高く明るくて開放的な雰囲気 3.メープルシロップをシンプルに味わいたいなら「オリジナルパンケーキ」(3枚700円)とメープルシロップのスッキリした甘さの「メープルフラッペ」(550円)がおすすめ 4.タンドリーチキンをメープルでアレンジした平日限定ランチ「メープルタンドリーチキン」(数量限定・1200円)。ミカン科の落葉樹キハダの樹皮で炊いたライスは他では味わえない

おすすめメニュー

＊すべて税込価格

Food ランチ(平日)／メープルタンドリーチキン(数量限定)1200円 パンケーキ(メープルシロップ付)／オリジナルパンケーキ(1枚)500円、ソーセージエッグパンケーキ(1枚)1000円など

Sweet パンケーキ(メープルシロップ付)／季節のパンケーキ(1枚)900円　フレンチトースト(数量限定メープルシロップ付)700円、特製ジェラード(メイプル)各400円

Drink メープルラテ400円〜、メープルマキアート500円〜、樹液紅茶450円など

Memo ＊ランチは、＋200円でランチドリンク付に。＊パンケーキ、フレンチトーストのトッピングオプション(150円〜)あり。

Shop Data

TEL.0494-26-6150

秩父郡小鹿野町長留1129-1 秩父ミューズパーク内
(ナビ用／「P3駐車場」を入力)

営 10:00〜17:00
休 水曜(祝日・繁忙期営業)
席 50席(テーブル席38、テラス席12)／テラス席のみペット可
交 西武鉄道「西武秩父駅」または秩父鉄道「秩父駅」から「秩父ミューズパーク循環バス・ぐるりん号」乗車、「スポーツの森」下車徒歩3分
P 600台
HP https://m.facebook.com/MAPLEBASE.JP/

アイスグレーの壁が印象的な店内のテーブルと小物は、友人のDJANGO EPI-DE-MICのオリジナル

cafe gentille

カフェ　ジャンティーユ

おいしいランチやスイーツを食べながら、長瀞ならでは風景を満喫できるカフェ

長瀞駅から踏切を渡り、線路沿いの桜並木を歩いて3～4分のところにある「cafe gentille」。「地元の人が来てくれる店にしたい」と富田さん夫妻が2015年にオープンさせたカフェだ。

外観は事務所のようにも見える無機質な建物だが、一歩店内に入ると落ち着いた雰囲気のスタイリッシュな空間が広がる。

料理は「できるだけ、手づくりにこだわりたい」というご主人の雅人さんが担当。きび糖を使って〝甘さ控え目〟のスイーツを作るのは、奥様のりえさん。料理、スイーツともボリューム満点で美味！

窓からは宝登山や桜並木、週末はSLパレオエキスプレスの勇姿が眺められ、長瀞ならではカフェタイムを満喫できる。

from cafe

ホイッパーなどのキッチン用具を使ったオブジェ、大きな木のフォークなどのオブジェを飾っています。小さな店ですが、見所（?）がいっぱい。どこにあるか探してみてください

●店主 富田雅人さんとりえさん

Cafe 3密対応
来店前にお店にご確認ください

夜休業　1グループ4名まで　推奨　お弁当予約販売あり

1.スタイリッシュなスツール、白と木目と解け合ってセンスの良さを感じさせる 2.トーストしたシフォンケーキの香ばしさに生クリームの甘さがピッタリ合う「シフォントーストケーキ」(480円)と「ブレンドコーヒー」(450円) 3.パスタ系とごはん系メイン6種から、ピリ辛「チキンオーバーライス」をチョイス。大きめのキッシュ、キャロットラペやしらたきと三つ葉の坦々ソース和え、切り干し大根とわかめの浅漬けなど、バリエーション豊富なデリ 4.店内には、インダストリアル系やキッチン器具をモチーフにした作品がさりげなく置かれている

おすすめメニュー

＊すべて税込価格

Food ランチ／DELI SET(メイン・野菜中心のデリいろいろ・自家製キッシュ・サラダ)1380円、SALAD SET(メイン・グリーンサラダ)980円、DELIプレート(本日のデリ)850円

Sweet 本日のスイーツ430円〜、トーストシフォンケーキ480円など

Drink ブレンドコーヒー450円、オーガニック紅茶450円など

Memo ＊ランチは、＋150円でコーヒー、紅茶、オレンジジュースなどのランチドリンク付に。＊スイーツは、ドリンクとセットで50円引きに(ランチドリンクとの併用不可)。

Shop Data

TEL.0494-26-7300 秩父郡長瀞町長瀞527-2

営 11:30〜16:00(LO15:00)
土・日曜11:30〜16:00(LO15:00) 17:30〜21:00
休 火曜　月1回水曜日 (臨時休業有)＊URL確認
席 18席(カウンター席3、テーブル席15)
交 秩父鉄道「長瀞駅」から徒歩5分
P 5台
URL https://cafe-gentille.storeinfo.jp/
https://m.facebook.com/cafejentille/

LUNCH　SWEET　ZAKKA　BOOK　EVENT　PET　CARD　PAY

氷川神社参道 カフェさんぽ

氷川参道は、武蔵一宮氷川神社へ続く約2kmの参道。
氷川神社を目指して、四季折々の美しい風景を見せる参道を
ゆっくりと散策、そしてときどきカフェ…
氷川神社の参道に<お気に入りのカフェ>がきっとみつかるはずです

＊新型コロナウィルスの影響により、営業日・営業時間などが変更されている場合があるため、
来店時には電話や各店舗のSNSなどをご確認ください。

武蔵一宮 氷川神社

写真提供・氷川神社

2000年以上の歴史をもち、武蔵一宮として関東一円の信仰を集めている。「大いなる宮居」として大宮の地名の由来にもなった日本でも指折りの古社。
＜ご利益＞縁結び・仕事運・結婚運・家庭運

TEL.048-641-0137
[楼門開時間]5:00
(3･4､9･10月 5:30／11･12･1･2月 6:00)
URL http://musashiichinomiya-hikawa.or.jp/

1 熊谷珈琲

バリスタが営むスペシャルティコーヒー専門店。スイーツと一緒に、テイクアウトでも楽しめる。

TEL.048-607-5432
営 10:00～18:00
休 月曜(祝日の場合は、火曜休)
URL http://kumagaicoffee.com/

2 BEGEL LAPIN

ベーグルが人気「小春日和」の姉妹店。焼き立てベーグルやベーグルサンドが評判。イートインあり。

TEL.048-708-8144
営 11:00～売り切れ次第終了
休 火･水曜

3 GELATO&PIZZA ugo

種類豊富な自家製ジェラートと外はカリッと中はモチッのナポリピッツァが人気。テラス席はペットok。

TEL.048-644-2606
営 11:00～ピザ生地がなくなり次第終了
休 不定休
URL http://ugo-omiya.com/

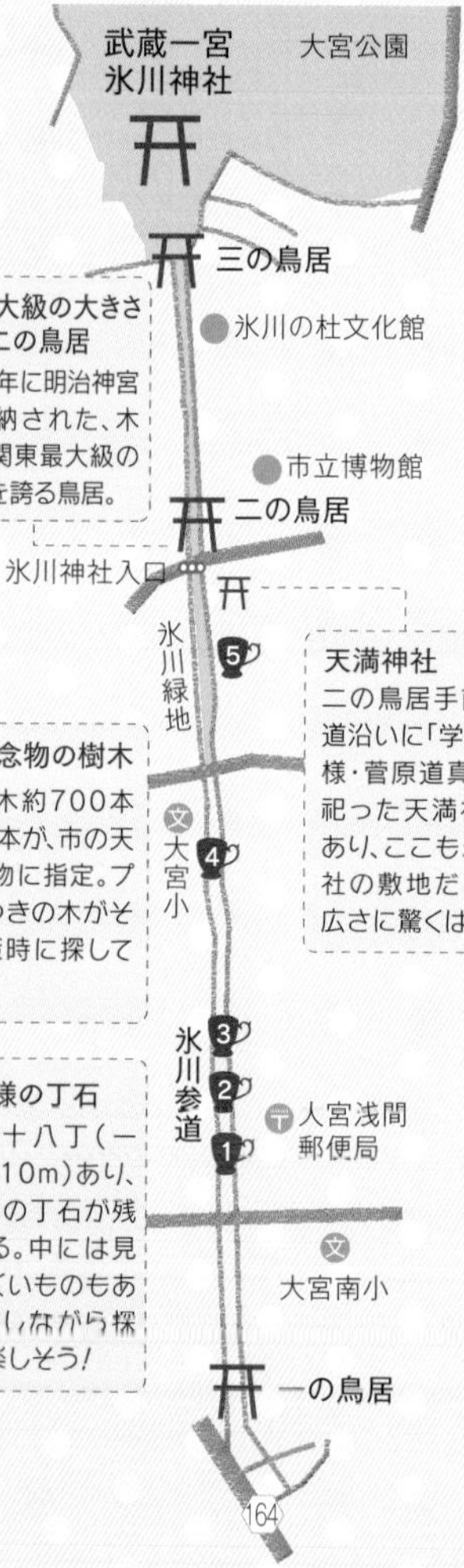

関東最大級の大きさを誇る二の鳥居
昭和51年に明治神宮から奉納された、木造では関東最大級の大きさを誇る鳥居。

天満神社
二の鳥居手前の参道沿いに「学問の神様・菅原道真公」を祀った天満神社があり、ここも氷川神社の敷地だとその広さに驚くはず。

天然記念物の樹木
参道並木約700本の内19本が、市の天然記念物に指定。プレートつきの木がそれ。散策時に探してみて。

お氷川様の丁石
参道は十八丁(一丁・約110m)あり、今も18の丁石が残っている。中には見つけにくいものもあり、散策しながら探すのも楽しそう!

4 台湾茶房e～one

薬膳アドバイザーのオーナーと奥様が営むカフェでは、心と身体に優しい本場の台湾料理と本格的な台湾茶がいただける。

TEL.048-871-8161
営 11:00～14:30
18:00～21:30
休 日･月曜
URL https://www.facebook.com/taiwansabou/

5 OTTO CAFE(オット)

ドリンク、パスタ、煮込み料理などカフェメニューが充実。ベビーカーもゆったりでママ友ランチにもおススメ。コースあり。

TEL.048-871-5868
営 10:30～～22:00
休 月曜(祝日の場合火曜)
URL http://otto.favy.jp/

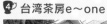

自家製パン＆自家焙煎珈琲が買えるカフェ

3cafe

自家焙煎珈琲のあるカフェ

6cafe

1

自家製酵母のパン、自慢の自家焙煎珈琲を野菜たっぷりランチと楽しめるカフェ

やさいcafe びーんず

やさいカフェ　びーんず

調理師として働いていたご主人が「保存料や化学調味料などを使わずに、もっとおいしくて身体に負担のない食事を食べてもらいたい」とオープンしたのが野菜料理中心のカフェ「やさいcafeびーんず」。地元中心に25種類以上の季節の野菜をふんだんに使った人気のプレートランチは、メインを「野菜の天ぷら」「季節のお魚」から選べて、たくさんの食材、味、食感が楽しめる。

添加物を一切使わずにレーズン天然酵母と北海道産小麦「キタノカオリ」の生地をベースに毎朝焼き上げるパン、それぞれの珈琲豆の良さを際立たせた自家焙煎珈琲は自慢の一品。どちらも購入でき、自宅でもカラダにやさしい「やさいcafeびーんず」の味が楽しめる。

Shop Data　TEL.0480-24-3455　久喜市久喜北2-3-61

営 11:30~18:00
休 土曜（臨時休業有り）＊URLで確認
席 22席（テーブル席14、小上がり8）
交 東武伊勢崎線・JR「久喜駅」西口より徒歩約20分、または「久喜駅」西口からバス「久喜市内循環・久喜本循環」乗車「北小学校入口」下車すぐ
P 5台
URL yasaicafe.okoshi-yasu.com/

Cafe 3密対応
来店前にお店にご確認ください
TAKE OUT

3

2

5

4

1.開店時に焼き上がる天然酵母を使ったパンは、小さな子どもからお年寄りまでが美味しく食べられるように焼き時間を短くして柔らかく焼き上げる。「山型食パン」(240円)、「くるみいちじくパン」(180円)、「玄米パン」(140円)、「生姜パン」(180円)など、自家製天然酵母のパンは美味しくて安価!と人気　2.食後にぴったりの自家焙煎珈琲は、ベランダの焙煎室で浅煎り、中煎りに仕上げられ、フレンチプレスでゆっくりと抽出される。「ゆくゆくは焙煎体験ができるようにしたい」とご主人　3.豆腐だとは思えない「いちごの豆腐タルト」(380円)と中煎り珈琲豆の「自家焙煎香り爽やかコーヒー」(330円)は相性ぴったり
4.25種類以上の野菜が使われた人気の「いろいろプレート」。野菜天ぷら(1170円)、季節の魚料理(1190円)が選べ、さらに10種以上の副菜が盛り込まれているのが嬉しい
5.木のぬくもりあふれるログハウスは、基礎以外は8年かけてご主人が建てたもの。家具も夫妻で組立てたとか

from cafe

野菜を切る際に細胞レベルを壊さないように切ることで、香り・味・食感・風味が生きてきます。素材そのもののおいしさを味わっていただけるように料理もパンも珈琲も丁寧に調理しています。

●オーナー 山中康雄さんと今日子さん夫妻、阿部香さん

おすすめメニュー

＊すべて税込価格

Drink 自家焙煎 香りの爽やかコーヒー(中煎り)330円、ホットソイカプチーノ380円、自家製水出しアイスコーヒー(中煎り)350円、水出しダージリンティー320円など

Food いろいろプレート(雑穀米または小豆入り玄米・サラダ・スープ・副菜10種以上付)／野菜天ぷら1170円、季節の魚料理1190円　きのこの豆乳パスタ(サラダ・スープ付)1190円、焼き茄子とトマトの豆腐ピザ(サラダ・スープ付)1170円

Sweet 本日のケーキ各380円

Memo ＊FOODは、＋150円ドリンクセット、＋310円でドリンク＆デザートセットに。＊開店時に焼きあげる自家製天然酵母のパン(8種前後)、自家焙煎珈琲豆、自家製ドレッシングの販売あり。

1

自家製酵母パン、自家焙煎珈琲、ランチが…〝美味しい楽しさ〟を味わえるカフェ

キドヤ

キドヤ

本庄市内、中山道を少し入ったところにある「キドヤ」。店名だけだとなんの店かわからないが、自家製酵母パン、自家焙煎珈琲、ランチがいただけるカフェ。「〈食べる〉に関わるすべての時間に丁寧でありたい」というオーナー夫妻。自家製レーズン酵母のパンは、オープンと同時に常連さんが買いに来る。野菜を中心にひと手間かけたランチは、食べ終わったあとに満足感で「ほ～っ」とため息が漏れる。食後は、コーノ式アドバイザーの資格を持つご主人が淹れる雑味のない、豆の持ち味を活かした自家焙煎珈琲をいただく。

「パンタベテ コーヒーノンデ ヒルネスル」…「キドヤ」でのステキな過ごし方かもしれない。

Shop Data TEL.0495-24-2213 本庄市千代田3-1-23

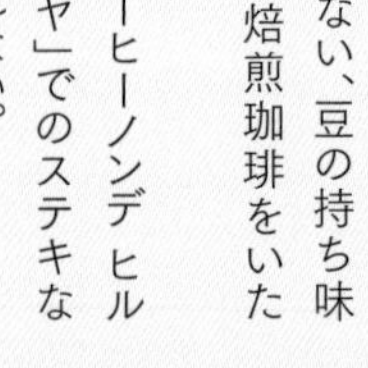

営 11:00～18:00(パン販売のみ～18:30)
休 日･月･木曜
席 14席(1階／カウンター席4　2階／カウンター席4、テーブル席6)
交 JR高崎線「本庄駅」北口から徒歩15分
P 4台
URL https://www.facebook.com/キドヤ-1638478923083139/?ref=hl
https://www.instagram.com/kidoyacafe/

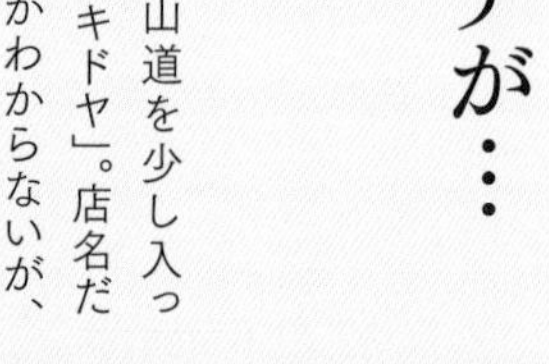

Cafe 3密対応
来店前にお店にご確認ください

TAKE OUT

3

2

5

4

1.ポットに珈琲の雫が落ちるまでは、1滴ずつゆっくりと湯を注ぐ。さらに丁寧に湯を注ぎ、きめ細やかな泡を作って珈琲豆の雑味を押し上げ、すっきりとした味わいの珈琲を抽出する 2.自家製のレーズン酵母と北海道産の小麦を使った生地で焼き上げるパンたち。ハード系、ソフト系のパンが10種類以上並び、焼き上がりと同時にパンを買いにお客さんが途切れなくやってくる 3.この日の「おまかせランチ」(1000円)のメインは「春キャベツの蒸し鶏のサラダ」。鶏肉はしっとりと柔らかく、揚げたエノキの食感やソースとの相性抜群! もう一皿には、焼き立てのフォカッチャと6種のおかず、そして2種類から選べるスープとボリューム満点 4.愛媛産の河内晩甘を使ったロールケーキ (550円)と本日の珈琲(ブラジル・キャラメラード 500円)はセットで100円引きに 5.白壁と落ち着いた風合いの家具がしっとり落ち着いた雰囲気を醸し出している、2階のカフェスペース。本棚の本はいろんな世界への扉…かも

おすすめメニュー

＊すべて税別価格

Drink サービス珈琲（ホット）400円、ソノタの銘柄コーヒー(ホット)500〜550円、アイスコーヒー550円、自家製きび糖シロップ（ソーダ/ホット）450円など

Food ランチ／ホンジツのおまかせ（おかず6種・選べるスープ・本日のパン付）1000円、ホンジツのサンドセット（おかずサンド・選べるスープ）650円〜　選べるスープ300円など

Sweet 本日のデザート500円〜、季節の気まぐれロールケーキ550円〜など

Memo ＊ランチは、ドリンクまたはデザートと一緒の注文で100円引き、ドリンク＋デザート注文で200円引きに。＊デザートは、ドリンクの注文で100円引きに。＊珈琲は、2杯目以降100円引きに。＊自家製酵母パン、自家焙煎珈琲豆（100g520円〜)、コーノ式珈琲器具の販売あり。

from cafe

2階の本棚にある本は、子どもの頃に読んでもらった絵本や好きなことやモノの本。1冊の本の中から広がる世界を見つけてもらえるととても嬉しいです

スタイリッシュな空間で自家製酵母パンと自家焙煎スペシャリティ珈琲を味わう

The Shade Tree. Roasted Coffee Bakery

ザ シェード ツリー ローステッド コーヒー ベーカリー

深谷の老舗和洋菓子店「菊寿堂」が自家焙煎のスペシャリティ珈琲と自家製酵母パンを楽しんでもらおうとオープンしたコーヒーベーカリー。「The Shade Tree.」とは、赤道直下の陽射しから「日陰を作って珈琲豆を守る木」という意味を持つ。

ガラス越しに見える大きな自家焙煎機では、生産地、抽出するまで鮮度を管理したスペシャリティ珈琲を中浅煎り、浅煎りに焙煎して提供している。また、人気のパンは糀から作る自家製天然酵母と国産小麦粉「春よ恋」で作った生地を使い、甘みと旨み、糀の風味が鼻に抜ける旨味を感じる一品だ。購入したパンメニューと珈琲は、テラスなどのイートインスペースで楽しめるのが嬉しい。

Shop Data TEL.048-598-8171 深谷市国済寺402

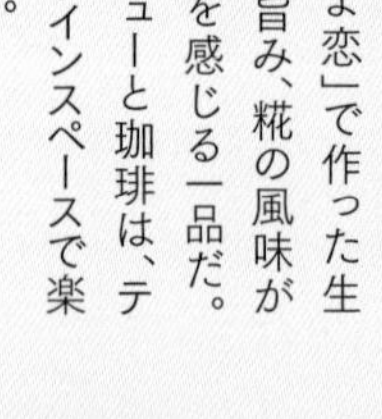

営 10:00〜17:00
休 水曜・第3火曜（臨時休業あり）
席 イートイン席26席（テーブル席12　カウンター席4、テラス席10）
交 JR高崎線「深谷駅」北口から徒歩14分
P 15台
URL https://www.the-shade-tree.com
https://www.instagram.com/theshadetree2018/

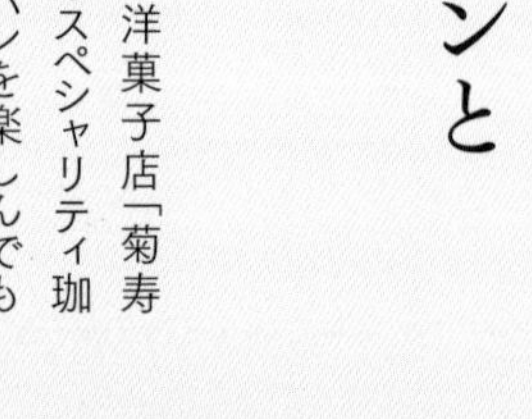

1.焙煎は、バリスタが担当。均一に豆が焼けるドイツ製プロバット社の熱風式焙煎機で中浅煎り、浅煎りに焼き上げたスペシャリティ珈琲は、苦味が少なくフルーティさが引き立つ味わい　2.菊寿堂の自家製天然酵母を使って焼き上げた自家製バンズ、自家製黒毛和牛のパテ、ゴーダチーズの「ハンバーガー」(450円)とスペシャリティ珈琲の「ブラジル」(350円)をセットで　3.具材たっぷりの惣菜パン(260円～)や自家製あんのコッペパン(120円～)などが20種類ほど並び、売り切れ必至の人気だ　4.天井が高く開放的な店内は、大きな窓から自然光が降り注ぐ　5.天気のよい日は、家族連れで賑わうテラス席

from cafe

店内はバリアフリーになっており、お子さま用椅子もご用意。スペシャリティ珈琲の珈琲豆やドリップコーヒーバックを販売しています。ご家庭でも本格的な珈琲をお楽しみいただけます

●バリスタ 芳賀隼大さん

おすすめメニュー

＊すべて税別価格

Food 国産黒毛和牛の自家製パティ ハンバーガー450円　酒種コッペ／プレーン120円、あんバタ170円、クロックムッシュ230円、ピザパン230円、焼きそばパン250円、ツナ250円、スモークハムチーズ280円、バジルチキン310円、てりやき肉団子250円など

Drink 自家製ドリップ珈琲(ホット・ブラジル、エチオピア、グアテマラ、コスタリカ)350円、カフェラテ450円、抹茶ラテ500円、アイスコーヒー350円、タピオカミルクティ500円など

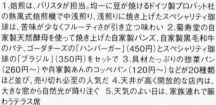

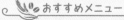

1

雑木林に佇むカフェで自家焙煎珈琲と料理、スイーツの美味しい饗宴を楽しむ

Outdoor cafe 山小屋

アウトドアカフェ　やまごや

高校の同級生というオーナー・高橋さんと店長・松本さんが「本当の山小屋のようにくつろげる空間」をコンセプトにオープンしたカフェ。

山小屋のメニューは、パスタと自家焙煎珈琲が高橋さん、ダッチオーブン料理のパンプレートを松本さんが担当。どちらも旬の食材で、とくに野菜を多く取り入れた手づくりにこだわっている。また、高橋さんが焙煎する珈琲は、2種類の「山小屋ブレンド」を始め、グァテマラ、モカなど9種類。自家焙煎珈琲の風味や味を邪魔しないように、料理やスイーツは作られているという。百聞は一見にしかず！

窓から見える雑木林の風景を見ながら、ぜひ料理やスイーツと珈琲のコラボを楽しんでほしい。

Shop Data　TEL.048-729-5814　上尾市菅谷2-86-3

営 10:00~19:00
休 水曜
席 34席（カウンター席4、テーブル席30）／分煙（テラス席のみ）、ペットは15時以降室内3テーブルのみ入店可
交 埼玉新都市交通ニューシャトル「羽貫駅」徒歩19分
P 16台
URL https://www.facebook.com/outdoorcafeyamagoya

Cafe 3密対応
来店前にお店にご確認ください

TAKE OUT

1.カウンターで珈琲を淹れる姿を見ていると、珈琲の香りに包まれた静かな時間が流れる　2.中浅煎りの「キリマンジャロ AA ディープブルー」(480円)。フルーティな酸味が特徴。「山小屋ブレンド(マイルド・ビター)」など、9種類の自家焙煎珈琲は豆(100g550円～)やドリップパック(150円)で購入できる　3.エグ味や雑味が出ないよう生の珈琲豆は、店内にある焙煎室の直火式焙煎機で弱火→中火→強火とそれぞれの時間を調整しながら焼き上げる。「豆のハゼる音を聞いて焼き上がりを見極めます」と高橋さん　4.窓の外には雑木林、部屋の中には薪ストーブ。登山用のロープまであって山のヒュッテ(山小屋)の雰囲気満点

3

2

5

4

6

7

5.「かわいい!」の声が聞きたくて、いつも頑張ってしまう「自家製パンプレート」(1345円)。メインの ダッチオーブン料理、自家製パン、日替わりマリネなど副菜2種、サラダ。目もお腹も大満足のランチだ。「バター作り」も体験できる　6.午後2時からのお楽しみ!「デザートセット」(1080円)。アイス、ゼリー2種、プチケーキ、スコーン、クッキーから好きな3つをセレクト… 絶対悩みます　7.店内にあるかわいい野鳥のオブジェ

from cafe

珈琲豆は店内の焙煎所でこまめに焙煎しています。焙煎したての珈琲は雑味が少なく、コーヒー好きの方も、苦手な方にもおいしく飲んでいただける自慢の逸品です。ぜひ召し上がってください

●オーナーの高橋宏美さん
店長の松本昌江さんとサリーくん

おすすめメニュー

＊すべて税込価格

Food　ランチ(スープ・サラダ・ランチドリンク付)／自家製パンプレート1345円、パスタプレート(丸パン付)1345円、雑穀米プレート(ダッチオーブン料理)1345円　ライトミール／山小屋ナポリタン750円、山小屋ドリア750円など

Sweet　本日のケーキ450円、スコーン250円～、午後の選べるデザートセット(14時～)1080円

Drink　自家焙煎コーヒー(ブラジル・マンデリン・コロンビア)各480円、山小屋ブレンド480円、紅茶各種480円、ハーブティー各種500円など

Memo　＊ランチセット＋100円でオリジンコーヒーに、＋150円でハーブティーに変更可。＊自家焙煎珈琲豆は購入可(100g550円～)

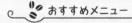

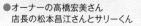

1

スタイリッシュさとノスタルジーが融合したカフェで、愛され続ける珈琲に出合う

ffee & co. coffee shop

フィー アンド コー コーヒーショップ

珈琲の移動販売店「joyce cafe」が、2016年に実店舗「ffee&co.coffee shop」としてオープンした。実店舗になっても、みんなから愛されている珈琲の淹れ方は変わらない。挽いた自家焙煎の珈琲豆をお湯に浸し、ネルドリップで漉す〈浸漬式〉。ダイレクトに珈琲の成分が出るので、豆本来の味わいを楽しめるという。

毎日焙煎を行う豆の種類はエスプレッソを中心に、ドリップブレンド、ストレートで全6種類。味わい深い珈琲に合うように作られた近隣農家の新鮮な野菜やcimaiのパンを使った食事メニュー、焼き菓子やケーキなどの自家製スイーツもファンが多い。店のロゴの〈水引き〉のように、珈琲が結ぶお客様との縁は連綿と続いて行きそうだ。

Shop Data TEL.0480-43-1220 幸手市緑台1-26-23

営 10:00 ~20:00(モーニング~12:00)
休 水曜
席 24席(テーブル席18、個室6、テラス席2)／分煙(テラス席のみ)、テラス席のみペット可
交 東武日光線「幸手駅」東口から徒歩10分、または東武日光線「幸手駅」東口から「杉野高野台行」乗車、「大堰橋」下車すぐ
P 6台
URL www.ffeeandco.com

Cafe 3密対応
来店前にお店にご確認ください

TAKE OUT

1.珈琲の抽出は、粉を湯に浸し抽出したものを注ぐ＜浸漬式＞。豆自体の本来の味わいをダイレクトに楽しめる 2.焙煎したてのフレッシュな珈琲の味を楽しんでもらいたいと毎日焙煎する珈琲豆たち。原産地の個性を表現しつつ、オーソッドクスな焙煎具合に仕上げる焙煎歴20年の職人技だ。自家焙煎「今日のスペシャル」などの自家焙煎珈琲豆は、100g530円から購入できる 3.珈琲に合うスイーツたち。砂糖とバターで煮つめたリンゴを1時間以上焼いた「タルトタタン」(480円)とマスキーノ・シェリーを浸み込ませたスポンジが大人の味わい「ティラミス」(430円) 4.造りつけのハイカウンターはノスタルジックな老舗のバルを、種類の異なる椅子とテーブルはスタイリッシュなカフェを感じさせるしゃれた空間 5.天気のよい日は、外で空を眺めながら珈琲を飲むのもいい

from cafe

、　店名のことですが、よく聞かれます。＜co＞と＜ffee＞を逆にしてみてください。「cof-fee」になります。意味?ただ、「co」を後ろに持ってきたかったものですから

●オーナー 鈴木英行さんと裕子さん

おすすめメニュー

＊すべて税込価格

Food モーニング(アメリカーノコーヒー・サラダ・フルーツジュース)／モーニングセット(トースト・目玉焼き)600円、クロックムッシュセット600円など Meal(パン・サラダ・コーヒー付)／ほうれん草とベーコンのキッシュプレート1080円など Light Meal／厚切りトースト(コーヒー付)630円、季節のオープンサンドイッチ500円〜など

Sweet タルトタタン480円、チョコレートブラウニー430円、ティラミス430円など

Drink 本日のコーヒー480円、ブレンドコーヒー450円、エスプレッソ350円、シナモン風味のカフェラッテ480円、自家製ハチミツレモネード540円など

Memo ＊スイーツは、+350円でアメリカーノ付に(焼き菓子除く)。

大きな木と四季の草花の咲く庭のある珈琲豆専門店で極上の珈琲を味わう

豆　春《まめはる》

珈琲豆専門店「豆春」で珈琲を注文するには、まず「ネル」か「ペーパー」かを選んで、次に「豆」を選ぶ。「皆さん豆選びで悩むので、好みを聞いて一緒に選ぶことが多いです」と店主の宮木さん。どの豆を選んでも「ネル」４８０円、「ペーパー」４３０円と統一の金額なのが嬉しい。

珈琲豆の焙煎を含め、宮木さんがすべて一人で行う。「おいしい珈琲は、焙煎7：淹れ方3。月4回ある焙煎日は一番気を使う」。その豆を使って、一杯ずつ丁寧に珈琲を淹れるのが〝豆春流〟「ネルドリップだと味がまろやかになり、直かに豆のよさが出るんです」。その珈琲を持って外のテラスへ。元は森のようだったという庭を眺め、店主の淹れてくれた珈琲をゆっくりと味わおう。

Shop Data　**TEL.04-2006-0675**　入間市久保稲荷 2-12-14

営 11:00～17:00
休 水曜（毎月焙煎日の1･2･15･16日）
不定休あり　＊URLで確認
席 9席（カウンター席3、デッキ席6）／分煙（デッキ席のみ）、デッキ席のみペット可
交 西武池袋線「武蔵藤沢駅」西口から徒歩約25分、または「武蔵藤沢駅」西口からバス「入間市駅行」「入間扇町屋団地行」乗車、「県営住宅入口」下車、徒歩約1～2分
P 2台
URL https://mameharu.com/

Cafe 3密対応
来店前にお店にご確認ください
ドリンクはアイスのみ

5

4

6

1.珈琲豆の種類は、4種のオリジナル・ブレンド(りん・みやび・豆春・うららか各100g600円～)、シングルオリジン11種類（100g 570円～）。月初めと中頃に焙煎される豆が棚に並ぶ様は美しい　2.淹れ方は＜ネルドリップ＞をチョイス!　豆はコクと苦味の深い味わい「グアテマラ」で（480円）。「珈琲に合うから!」と店主がサービスで「黒糖マカダミアナッツ」「黒糖くるみ」「ドライリンゴ」「ドライミカン」などのナッツとドライフルーツを出してくれる。店主の言葉どおり絶妙なコラボ!　3.各々の豆が持つ味わいを引き出すよう焙煎された珈琲豆は、店主がゆっくり丁寧に旨味を抽出して提供される　4.店主がおいしさに惚れ込んだ「木能実（きのみ）」のナッツとドライフルーツたちは購入可

7

5.緑の庭のアプローチの先に美味しい珈琲が待っている　6.7.店内はカウンターのみ。でも、レジ付近で立ったまま店主との会話を楽しむ…という人も多い。その反面、街中とは思えない大きな木と四季の草花が咲く庭の風景を見ながら珈琲を楽しむ人も

from cafe

コーヒーと一緒に出している「木能実（きのみ）」のナッツとドライフルーツ。秋田の能代で〝ナッツくん〟が作っています。アイスなら黒糖クルミ、軽めで酸味のあるコーヒーならドライミカンがおすすめです!

●店主　宮木春子さん

おすすめメニュー

＊すべて税別価格

Drink　ホットコーヒー／ペーパードリップ淹れ430円、ネルドリップ淹れ480円、カフェオレ500円　アイスコーヒー／ネル淹れ450円、ネル1杯点《だ》て500円、アイスカフェオレ480円　お持ち帰り用（ペーパーカップ）／本日のコーヒー400円、アイスコーヒー420円

Memo　＊お持ち帰り用は、＋30円で牛乳入りに。＊自家焙煎コーヒー豆は、100g570円～購入可。

1

自分好みの珈琲と出会えるカフェで、まったりとしたひと時を過ごす

masa's factory

マサズ ファクトリー

「お気に入りの自家焙煎のお店は閉店。で、お店にあった年代製の小さな直火焙煎釜を引き取り、本業の傍ら自宅脇に工房を作り、自家焙煎を始めた」(HPより抜粋)。そして、2015年に古い店舗を改装し、自家焙煎珈琲の工房兼珈琲メインのカフェ「masa's factory」をオープンした。珈琲は「当店の標準」「ちょっと深め」「エチオピア」のブレンド3種類とストレート珈琲7種類。「おすすめはないんです」とmasaさん。"珈琲はお酒と同じ嗜好品" だから、お客様の好みやそのときの気分を聞いて酸味や苦味などを調整、好みにあった一杯を淹れてくれる。マスター手作りカレーや「スコーン」など、珈琲と楽しむ食事やスイーツのファンも多い。

Shop Data TEL.049-257-6333 富士見市鶴馬982

営 11:00~19:00
休 月曜(臨時休業あり)*URLで確認
席 14席(カウンター席6、テーブル席8)／テラス席のみペット可
交 東武東上線「ふじみ野駅」から徒歩20分、または東武東上線「ふじみ野駅」東口からライフバス「富士見ニュータウン折り返し線」「ひばり台」下車徒歩1分
P 4台
URL https://cafe.masa-factory.jp/
https://www.facebook.com/masa.factory

Cafe 3密対応
来店前にお店にご確認ください

1グループ2名以下
4組まで

推奨

TAKE OUT

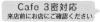

1.広々としたカウンター席で、masaさんが静かに珈琲を淹れる手元を見ているだけでも楽しい 2.淹れていただいた珈琲は「ルワンダ スカイヒル」(450円～)。masa's factoryで一番浅い焙煎だが、豊かな酸味とほのかな甘みが特徴の珈琲だ 3.階段下の焙煎機は50年以上も健在。美味しい豆を焼き続ける 4.「あれ、ネズミ…」こんな仕掛けもご愛敬

5.店内は、開放感のある高い吹き抜けで昼間は日当たりも良好。快適な空間でおいしい珈琲がじっくり楽しめる 6.生クリームの添えられた「ブルーベリーマフィン」(280円)とミルク多めのクリーミー な「カフェラテ」(460円) 7. 甘・酸・苦の調和の取れた「パプアニューギニア シグリ」(450円～)に、スパイシーな「シーフードとトマトのカレー」(800円)はピッタリ

from cafe

とりあえずなんでも聞いて、なんでも答えます(笑)。話しながら何気なく好みを伝えていただければ、嗜好にあった珈琲との出合いのお手伝いができると思います.だから、なんでも聞いて(笑)

●オーナー masaさん

おすすめメニュー

＊すべて税込価格

Food 本日のカレー(サラダ付)800円、タコライス800円、トルティーヤ550円

Sweet マフィン(生クリーム付)eat in280円・to go250円、ぐりとぐらのカステラ450円、スコーン(生クリームetc.付)eat in450円・to go420円、かき氷(シロップ6種)各400円～など

Drink masa`sブレンド(3種)各360円～、本日のエスプレッソ360円～、カフェラテ460円、カプチーノ450円、レモネード450円など

Memo ＊珈琲は、お好みでフレーバー、生クリームなど追加してカスタマイズ可能。＊珈琲、スイーツはTake out可。＊自家焙煎珈琲豆の販売あり。

小さなカフェの自家焙煎珈琲と やさしい味わいのおやつでお茶の時間を楽しむ

1〜3.大切に焙煎した挽きたての珈琲豆に適温にしたお湯をゆっくりと注ぎ、その珈琲豆の持つ旨味を丁寧に抽出していく　4.程よい酸味ですっきり飲みやすい「Rejse（ライゼ・旅）ブレンド」（中煎り）、「Skov（スコウ・森）ブレンド」（中深煎り）、秋冬限定の深いコクでミルクと相性のよい「Bolig（ボーリ・家）ブレンド」（各100g/550円）。デンマーク語の名前に合わせて智里さんが描いたイラストもかわいい

Tumugi
ツムギ

コンクリートの壁に白い扉が目印の「Tumugi」では、自家焙煎珈琲とからだにやさしいおやつがいただける。「生豆は育った生産地など、ストーリーがあると思う」と雄大さん。珈琲豆のストーリーを大切に季節限定のものは深煎り、通年ものは豆に合わせて中煎り、中深煎りに焼き上げる。すっきりと飲みやすい珈琲と相性のよいお菓子は、国産の小麦と米粉、甜菜糖など、植物性材料を使ったやさしい味わいのマクロビ系おやつ。

デンマーク国旗が目につく店内。「デンマークの手芸学校に留学中、お茶の時間を大切にする習慣があり、そんなカフェにしたかったから」と智里さん。美味しい珈琲とお菓子…ステキなお茶の時間を過ごせそうだ。

Shop Data　TEL.049-214-1292　富士見市上沢1-17-31

営 12:00〜18:00（LO、テイクアウト17:30まで）
休 木・金曜
席 10席（テーブル席8、カウンター席2）
交 東武東上線「鶴瀬駅」東口から徒歩13分
P 無（近隣にコインパーキングあり）
URL http://tumugi.mystrikingly.com
https://www.facebook.com/tumugi.hej/
https://www.instagram.com/tumugi.hej/

Cafe 3密対応
来店前にお店にご確認ください
1グループ2名以下3組まで
TAKE OUT

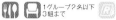

5.まろやかなコクとバランスのとれた味わいの「Skov（スコウ・森） ブレンド」（中深煎り・400円） 6.本日の米粉ケーキのハーフ、プレーンスコーン、米粉クッキーにたっぷりおとうふクリームがついた「おやつプレート」（1050円）。セットのドリンクはカフェオレボウルにたっぷり注がれる「チコリカフェモカ」をチョイス。デンマークの旗がかわいいアクセント! 7.年1、2回アクセサリーなどの作家さんたちの展示会も開催 8.外観からは想像できないけれど、店内は窓からカフェカーテン越しにやわらかな日差しが差し込んで明るく、温かな雰囲気。デンマークで勉強した智里さんの刺繍も店内にあって、見ているだけでなごむ

from cafe

卵・乳製品・白砂糖不使用のおやつは、ご注文・発送も承っています。珈琲豆とセットでギフトにしたり…Tumugiの味をおうちでも気軽にお楽しみいただけます! 詳しくはHP・SNSをご覧ください

●店主の加美雄大さんと智里さん

おすすめメニュー

＊すべて税込価格

Drink 自家焙煎珈琲（各種）400円、ミルクコーヒー450円、穀物コーヒー（ノンカフェイン）400円、チコリカフェモカ500円、メディカルブレンドハーブティ400円、アイスコーヒー450円、自家製シロップジュース（ホット）450円、（ソーダor炭酸なし）500円

Sweet おやつプレート1050円、本日のおやつ250円〜

Memo ＊セットメニューはおとうふクリーム・ドリンク付。＊ドリンクの２杯目は100円引きに。＊自家焙煎珈琲豆（100g/550円）、ドリップバッグ（３種セット・400円）、手作りジャム、雑貨の販売あり。＊ドリンク、おやつのテイクアウト可。

パワースポットに佇むカフェで究極の珈琲を堪能する

JURIN's GEO

ジュリンズ ジオ

札所めぐりで有名な秩父の28番札所「石龍山橋立堂」境内に佇むのがスペシャルティーコーヒー専門店「JURIN's GEO」。

珈琲豆は、スペシャルティーコーヒーの最高峰COEのみを使用。自家焙煎し、手で豆皮を取って雑味のない豆に仕上げてから、丁寧にフレンチプレスで淹れて提供される。おすすめは、COEで淹れたアイスコーヒーと秩父天然氷のかき氷のコラボ「淡雪」。まず、天然氷をサトウキビシロップで楽しみ、その後アイスコーヒーを注ぐ贅沢な一品だ。他にも、季節のフルーツをたっぷり使った「スキレットパンケーキ」や自由に2種類のアイスクリームを組み合わせる「ワンオンワンアイスクリーム」などがあり、どれもその美味しさに驚かされる。

Shop Data TEL.0494-25-5511 秩父市上影森673-1(秩父巡礼札所 28番橋立堂境内)

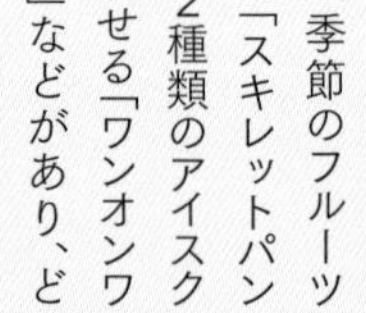

営 9:30～17:00(LO16:30)
休 水曜(祝日の場合は営業)
席 52席(テーブル席10、小上がり席28、テラス席14)／分煙(喫煙場所のみ)、テラス席のみペット可
交 秩父鉄道「浦山口駅」から徒歩15分
P 20台
HP https://jurinsgeo.jimdo.com/

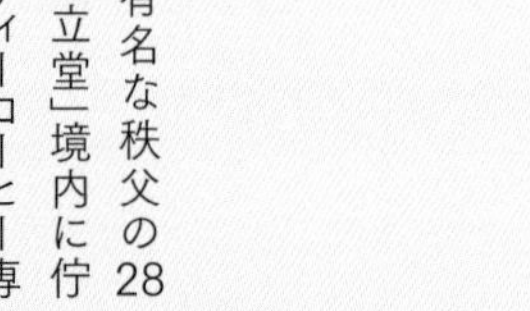

Cafe 3密対応
来店前にお店にご確認ください

TAKE OUT

3

2

5

4

1.カウンター席に着くと窓の外には橋立堂の緑が望め、最高の珈琲の味わいに“寛ぎ”の文字を加えてくれる 2.マンゴー、ベリー類のドライフルーツなどをのせてスキレットごとオーブンで焼き、メープルバターでコーティングされたバニラアイスをトッピングした「フルーツのスキレット・パンケー キ」(1290円)。フレンチプレスで抽出した珈琲は、世界最高峰といわれるパナマ産の「ゲイシャ」(1430円) 3.大人気のアイス珈琲「淡雪」(880円)。サトウキビシロップのミニ天然氷を楽しんだ後、COE珈琲の香りと風味、味を楽しむ 4.5.6.木目と白が基調の店内ではどの席に座っても小上がり席からは緑の木々が望め、テラス席の座れば自然の音に癒される珈琲タイムを堪能できる

6

from cafe

都内のカフェに負けないクオリティの高さを誇っています。世界に出ている珈琲豆の0.001%という希少なCOE受賞豆で淹れた珈琲を秩父の自然の中で味わってください

●オーナー 松本弘充さん

おすすめメニュー

＊すべて税込価格

Drink CEO(カップ・オブ・エクセレンス)珈琲660円〜、淡雪880円、カップ・オブ・エクセレンス(COE)ストレート825円、アイスカフェ・オ・レ770円など

Food 野菜のスキレット・パンケーキ1290円

Sweet フルーツのスキレット・パンケーキ1290円 ワン・オン・ワン アイスクリーム(アイス22種から2種チョイス)770円、アイスクリーム・サンドウィッチ880円、秩父天然氷かき氷660円、(スペシャル)750円など

Memo ＊パンケーキは、焼き上がりまで25分ほどかかるためご了承を。

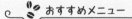

STAFF

制作・編集
オフィスクーミン／佐藤公美

撮影
武田和秀

デザイン・DTP・地図製作
山口千尋

埼玉　カフェ日和　ときめくお店案内

2020年8月20日　　第1版・第1刷発行

著　者　オフィスクーミン
発行者　株式会社メイツユニバーサルコンテンツ
（旧社名：メイツ出版株式会社）
代表者　三渡　治
〒102-0093東京都千代田区平河町一丁目1-8
TEL：03-5276-3050（編集・営業）
03-5276-3052（注文専用）
FAX：03-5276-3105
印　刷　三松堂株式会社

ご意見・ご感想はホームページから承っております。
ウェブサイト　https://www.mates-publishing.co.jp/

編集長：折居かおる　副編集長：堀明研斗　企画担当：千代　寧

※本書は2017年発行の『埼玉 カフェ日和 ときめくCAFEめぐり』を元に加筆・修正を行っています。